おとぎ話における音と音楽

——「歌」と心理臨床の場で語られる言葉との関連から——

宮 本 桃 英 著

風 間 書 房

はじめに

　おとぎ話にはさまざまな「音」や「音楽」が表現されている。例えば，木々の葉の揺れや水が流れるというような自然界の音，鳥をはじめとする動物の鳴き声や歌声がある。人間から発せられる音には声をはじめ歌，泣き声，語り，笑い，感嘆の声などの感情を乗せたもの，あるいは楽器の音と多種多様である。本研究は『グリム童話』と『日本の昔話』を素材として，おとぎ話における「音」や「音楽」の登場に着目し，その中でも「歌」の表現に纏わる意味と心理臨床における人間の語りや言葉との関連について検討した。本研究は，深層心理学，特に分析心理学（Jung, C.G.）の観点から，西洋と日本のおとぎ話において表現されている音や音楽の意味や役割を比較，分析することを通して，おとぎ話の解釈に新たな視点を提供するものである。さらに心理臨床の場では，セラピストとクライエントの関係性を土台に，クライエントに深いレヴェルでの変容が生じることが多いが，その現象がおとぎ話の中では「歌」として表現されているという点を指摘し，心理臨床の場における変容のモデル提示を試みるものである。

　心理臨床における研究では，視覚的イメージを取り扱うものが多いなか，本研究では聴覚的イメージである音，音楽，歌に着目してその機能を取り上げた。それらの機能には，心理臨床において生じるクライエントの変容，およびクライエント―セラピストにおける関係性変容の転換点との共通性が見出された。本研究では，実際の臨床事例から経験することのできる聴覚的イメージに着目し，クライエント―セラピストという向かい合う二者の心に象徴としての「歌の担い手と聴き手」が存在し，相互に歌い（語り），受け止め合うという視点を提示した点も特徴的であると考える。

目　次

はじめに

第1章　おとぎ話と臨床心理学 …………………………………1
1. 深層心理学におけるおとぎ話 …………………………………3
2. おとぎ話における音・音楽についての研究 …………………8
3. 音楽史のなかの「音」と「音楽」………………………… 10
　(1)　音楽史から見る「音」「音楽」の始まり ………………… 10
　(2)　魔術としての音楽 ………………………………………… 11
　(3)　音楽の二側面 ……………………………………………… 11

第2章　グリム童話における音と音楽 ………………………… 15
1. 音の種類による分類 ………………………………………… 15
　　a. 自然の音　16
　　b. 動物の鳴き声・歌声　16
　　c. 楽器による音　16
　　d. 人間の声・歌声　16
　　e. その他の音　17
2. 音の機能による分類 ………………………………………… 18
　　a. 導きのための音・音楽　18
　　b. 惑わすための音・音楽　20
　　c. 力を使うための音・音楽　21
　　d. 何かを思い出すための音・音楽　22
　　e. 真実を明らかにするための音・音楽　23

　　　　f. その他・不明　25
　3. 音の種類と機能の結びつきについて ………………………………………… 26
　　(1) 「音の種類」の側面から ……………………………………………………… 26
　　　　a. 自然の音　27
　　　　b. 動物の鳴き声・歌声　27
　　　　c. 楽器による音　27
　　　　d. 人間の声・歌声　27
　　　　e. その他の音　28
　　(2) 「音の機能」の側面から ……………………………………………………… 28
　　　　a. 導きのための音・音楽　28
　　　　b. 惑わすための音・音楽　28
　　　　c. 力を使うための音・音楽　29
　　　　d. 何かを思い出すための音・音楽　29
　　　　e. 真実を明らかにするための音・音楽　33
　　　　f. その他・不明　33
　4. グリム童話における音・音楽に纏わる意味 ………………………………… 33

第3章　日本の昔話における音と音楽 ………………………………………… 35
　1. 音の種類による分類 …………………………………………………………… 35
　　　　a. 自然の音　35
　　　　b. 動物の鳴き声・歌声　36
　　　　c. 楽器による音　36
　　　　d. 人間の声・歌声　36
　　　　e. 天界・異界の者による音・音楽　36
　　　　f. その他の音　37
　2. 音の機能による分類 …………………………………………………………… 38
　　　　a. 導きのための音・音楽　38

　　　　b．力を使うための音・音楽　38

　　　　c．何かを思い出すための音・音楽　39

　　　　d．真実を明らかにするための音・音楽　40

　　　　e．何かを得るための音・音楽　40

　　　　f．その他・不明　41

　3．音の種類と機能の結びつきについて ……………………………………… 41

　　⑴「音の種類」の側面から……………………………………………………… 42

　　　　a．自然の音　42

　　　　b．動物の鳴き声・歌声　43

　　　　c．楽器による音　44

　　　　d．人間の声・歌声　45

　　　　e．天界・異界の者による音　47

　　⑵「音の機能」の側面から……………………………………………………… 48

　　　　a．導きのための音・音楽　48

　　　　b．力を使うための音・音楽　49

　　　　c．何かを思い出すための音・音楽　50

　　　　d．真実を明らかにするための音・音楽　51

　　　　e．何かを得るための音・音楽　52

　4．日本の昔話における音と音楽に纏わる意味……………………………… 53

第4章　グリム童話と日本の昔話における歌の共通性 ………………… 57

　1．グリム童話と日本の昔話における多様な「音」
　　　　──共通性と相違点── ………………………………………………… 60

　2．歌の「繋ぐ」機能について ………………………………………………… 62

　　⑴「繋ぐ」機能にみられる共通性……………………………………………… 62

　　⑵「時間」を繋ぐ………………………………………………………………… 63

　　⑶「空間」を繋ぐ………………………………………………………………… 65

(4)　「異質なもの」を繋ぐ ………………………………………… 66
　　　(5)　「狭間」にある音 ……………………………………………… 67
　3．「繋ぐ」機能としての歌と心理臨床における言葉 ………………… 68
　　　(1)　物語における「歌」…………………………………………… 68
　　　(2)　事例からみる「歌」「声」「響き」…………………………… 70
　4．歌い手と聴き手の相互性について ………………………………… 78
　　　(1)　おとぎ話に登場する「歌い手と聴き手」…………………… 78
　　　(2)　心理臨床における心の中の「歌い手と聴き手」…………… 81

第5章　グリム童話と日本の昔話における歌の相違点
　　　　──歌い手と聴き手の観点から── ……………………………… 83
　1．節目の場面からみる人間の声・歌における相違点
　　　　──「歌い手と聴き手」における相違── ……………………… 85
　　　(1)　出会いのはじまり──第1の節目── ……………………… 88
　　　(2)　内界との出会い方──第2の節目── ……………………… 89
　　　(3)　「歌」の登場と再会──第3の節目と結末── …………… 90
　　　　①　歌い手の側面から　　90
　　　　②　聴き手の側面から　　92
　　　　③　歌い手と聴き手における相違　　94
　2．心理臨床における語りの相違点検討への試み ……………………… 95

結論 ……………………………………………………………………………… 99
資料 ……………………………………………………………………………… 101
文献 ……………………………………………………………………………… 127
謝辞 ……………………………………………………………………………… 133

第1章　おとぎ話と臨床心理学

　おとぎ話とは人々の歴史の中で語り継がれてきた物語である。その名称にはドイツ語のメルヘン (marchen)，英語のフェアリーテール (fairy tale)，日本語の昔話などあるが，ほぼ同様の意味とされる。本研究では「おとぎ話」と表記する。人間の生活の中から生じ伝承されるというおとぎ話の性質は，さまざまな研究分野の素材となった。おとぎ話の研究は，例えば民俗学や民族学，文芸学，心理学などの立場から多面的に行われている。この点に関して Luthi, M (1969) は「民俗学は昔話を文化史的・精神史的ドキュメントとして研究し，社会におけるその役割を観察する。心理学はその物語を心的経過の表出と考え，聞き手あるいは読者への影響をたずねる。文芸学は昔話をして昔話たらしめるものを確認しようとつとめる」と述べている。このように，おとぎ話はさまざまな立場や文化から長い歴史を経て研究され続けており，互いの研究が影響を与え補い合っているといえる。

　さて，おとぎ話の心理学的研究には大きく二つの視点があるとされる（千野，2009）。一つめの視点は，おとぎ話に心の出来事が映し出されているとして，深層心理学の知見を活用して言葉を解釈・分析する方法である。登場人物たちが，どのような人物なのか，どのような感情や気持ちなのかを想像・推測・解釈するものである。二つめの視点は，語り手と聞き手におとぎ話が与える心理的影響や，聞き手・読み手がおとぎ話のストーリーをどのように受け取っているのか，子どもたちに与える影響を発達的に理解しようとする方法である。あるいは，語り手と聞き手（聴き手）の関係性の変化や展開に注目することもできる。本研究では，一つめの視点，臨床心理学における深層心理学的な立場から人間の心の発達や成長に関わる内容を見ていきたい。

　臨床心理学とは心に何らかの問題や課題を抱えた人に対して心理学を応用

し，心理学的援助を行う実践的な分野である。臨床心理学では，クライエント（来談者）とセラピスト（心理士）という生きた人間同士が出会い，互いに影響を与え合いながら成長してゆくことが重要だと考えられている。臨床心理学にもさまざまな理論的・実践的立場があり，そのうちのひとつに深層心理学という分野がある。深層心理とは無意識の心の働きであり，自分では意識されていない内的な世界を仮定し，人間の心の理解や行動の意味の理解を試みようとする研究分野である。その中で「おとぎ話」を素材とし，人間の心の在り方や生きるためのヒントを得ようとする領域がある。この立場に立って本研究を進めていきたい。

　本書の構成として，第１章では，おとぎ話には人間の発達過程や乗り越えるべく心の発達課題が映し出されており，そこに表現された人間の〈心〉の成長の姿や情緒的経験は心理臨床の場面に通ずるものがあると考えた。第２章では，グリム童話において登場した音や音楽をひとつずつ取り上げ分類，分析，考察を行った。幅広い音の数々は音源を基に「音の種類」として，物語の場面ごとに果たす役割については「音の機能」として分類が可能であることを見出した。第３章では，グリム童話と同様の方法で日本の昔話に登場した音や音楽について検討した。グリム童話と日本の昔話の代表的な共通性と相違点として「人間の声・歌における共通性と相違点」，「楽器そのものがもつ意味の共通性と力の質における相違点」，この２点に関連して「音の担い手・聴き手に関する相違点」などが考察された。第４章では，「歌」に着目することを通して，人間にとっての「歌」，「歌うこと」について考察した。歌は時間・空間・異質なものの狭間に存在し「繋ぐ役割」があると考えられた。繋ぐ機能としての歌は，心のさまざまな要素を繋ぎ，その人にとっての変容や成長を支え，心理臨床における言葉との関連も考えられた。さらに心理臨床におけるクライエントとセラピストの相互作用を検討していくうえで，両者に象徴的な意味としての「心の中の歌い手と聴き手」の存在という視点を提示した。第５章では，「歌」に焦点をしぼり，比較文化的な視点

から日本人と西洋人の「歌」,「歌うこと」における相違点の考察を試みた。相違点は，心の葛藤や課題の克服の仕方など心理臨床においての相違として反映されているのではないかと推察された。また歌の共通性と相違点は，「歌」,「歌うこと」の本質が心の深層に存在しており（共通性），外界（意識化されたとき）に向けて表現されるときに相違点として現れるのではないかと考察した。

1. 深層心理学におけるおとぎ話

　深層心理学的な視点からのおとぎ話の研究には精神分析学や分析心理学などの立場がある。精神分析の創始者である Freud, S. (1969) は，「人間のファンタジー生活が出会うすべての間において，決定的なことばを語ることができる」と述べている。つまり，おとぎ話や神話は，夢と同じように解釈できる可能性があると考えていたと言える。無意識にある欲求や願望，衝動などは登場人物に託されており，読み手が解釈していくのである。あるいは，おとぎ話は主として性的体験から解かれ，それは月経や破瓜への恐怖，あるいはエディプス・コンプレックス，つまり父親を殺して母親と結婚したいという青年の無意識の願望を反映するものだとされる (Leyen, 1971)。おとぎ話は思春期の生活ないし経験を閉じ込めたものであり，その解放という視点が解釈に用いられた (Leyen, 1971)。

　一方，分析心理学の創始者である Jung, C.G. は人間のファンタジーを衝動や本能のみに考えることはなかった。ファンタジーは自発的なものであり，人間の創造性に繋がる基本的な要素だと考えられた。また Luthi, M. (1969) は「おとぎ話の中に発達経過の反映，また人生のさなかにおこなわれる統一へのプロセスの反映をみる」と述べている。これに関連して v. Franz (1979) は，「おとぎ話は普遍的無意識的[1]な心的過程の最も純粋で簡明な表現であり」，「元型的イメージ[2]は，普遍的な心に生じている過程を理解する

最善の手がかりを提供する」と述べている。すなわち，おとぎ話は人間の深層に在るとされている普遍性や全体性への繋がり，もしくは普遍性の異なる局面を表現すると考えられている。一般的に普遍性との繋がりが深いものは，時代や文化の差を超えて生き延び人類に共通するテーマや内容をもち得ることを意味している。伝播の可能性を十分に認めるにせよ，ほぼ同時代に世界各地において類似のテーマやイメージを含んだ物語が生じているのも事実である。

さて，この人類に共通する普遍性は深層心理学的な視点からのおとぎ話の始まりと深く繋がりがあるのではないかと考えられる。おとぎ話の始まりについて河合（1982）は「ある個人が何らかの元型的な体験をしたとき，その経験をできるかぎり直接的に伝えようとしてできた話が昔話の始まりであると思われる。そして，それらが元型的であるということは，人間の普遍性にもつながるものとして多くの人に受け入れられ，時代を超えて存在し続けることを意味している」と述べている。人間の無意識内に存在する何らかの元型が作用するとき，つまり普遍性が作用するという現象は，話の素材と人間の内的現実とが合致したときに生じると考えることもできる。このように内的な普遍性は人間がイメージを通して体験したこととして語り継がれているのだとすると，おとぎ話は限られた時代にのみ存在するのではなく，現代を生きる私たちの心の在り方や生き方といかに重ね合わせて考えることができるかを教えてくれる。

以上に述べてきたように，おとぎ話や神話には時代や文化の差を超えて世界共通の類似のテーマや内容をもつといえる。だが神話，伝説，おとぎ話

---

1) 普遍的無意識（collective unconscious）── Jung は，無意識が個人的無意識と普遍的無意識というふたつの領域から成ることを提唱した。個人的無意識は個人的な要素が濃く，それより深い領域に位置する普遍的無意識には，人類に共通の普遍性が存在すると仮定した。
2) 元型（archetype）── Jung は人類に共通した基本的な型，共通するイメージを元型とし，普遍的無意識は元型で満たされていると仮定した。また Franz は，元型的イメージが，物語の筋と結びついた全体のモチーフの中に含まれているとした。

（メルヘン）において区別される特徴があることも示さなければならない。神話や伝説は，元型的な内容ではあるのだが，その体験が特定の人物や場所と結び付けられている。つまり神話や伝説には，意識的・文化的要素が含まれている。一方，おとぎ話は特定の人物や場所は設定できず，時代や文化の影響を受けずに元型的な内容の中核部分が残されていると言える。このことに関連して Franz（1979）は「神話や伝説でも，文化的材料の覆いを通してではあるが，人間の心の基本的パターンに到達する。しかしおとぎ話には，意識的な特定の文化的材料が比較的少ないので，心の基本的パターンがより明瞭に反映されている」と述べている。Franz（1979）が述べる「心の基本的パターン」というような元型的な要素は，おとぎ話における登場人物たちの体験や生きる姿として描き出されている。

　またおとぎ話が語るテーマや内容を検討していく上で重要な見方がある。それは登場人物を一人ひとり独立した人物だと捉えるのではなく，全ての登場人物は主人公のさまざまな心の要素を示す側面，人格特性であると考える見方である。その見方は，おとぎ話にアプローチする方法，すなわち解釈や理解の仕方のひとつの方法として物語を一人の人間の心の中に起こったドラマ（心の発達課題の克服のプロセス）として解釈する方法を用いることである。つまり，物語の中に現れる登場人物の一人ひとりを，一人の人間の人格のある要素が示されたもの，一人の人間の心のさまざまな側面として捉える考え方である。その点について，山口（2009）は「物語の主人公は，通常その人格の意識的態度を表象するもの，言い換えれば自我を代表するものと考える。そして脇役的人物は，主人公である自我には意識されていないけれども，その人の中に存在する，別の性格特性を表すとみなすのである」と述べている。それは物語に登場する者やその状況はひとりの心の奥底のイメージの世界だと捉える。つまり，心理的なテーマ（心の発達課題）を理解するうえで，物語を「現実の世界で起こっている出来事」として解釈する読み方と，「ひとりの人の心の中のイメージの世界・無意識の世界（意識できない，

言語化できない世界）で起こっている出来事，ひとりの人の多様性を示すさまざまな性格特性」として解釈する読み方との違いである。つまり「自分の奥深いイメージの世界に降りていき自己を探求し，自分を見出していく」という読み方だと述べることができる。これらの一人の中に存在するいくつかの人格特性は，その時点でのその人の意識状態，言い換えれば「自我」を表すものでもあり，同時に，自我には意識されていないがその奥に隠された潜在的な心の要素を表すものでもある。さらに言えば，どの登場人物に着目するかによっても見ていくべき人格（性格）形成に関わる発達課題やテーマが変わる。このようにして，おとぎ話は一人の人間の心の世界（内的世界）の全体を表していると捉え理解していく。ただし，この普遍性と関わる元型・人の心の全体性については知的に理解するという質のものではなく，読み手（聞き手）自身が，情緒的に個人の感情として体験的に感じとってこそ意味が生まれると考えられる。つまり，読み手（聞き手）によって，「そのとき」に必要な元型的なモチーフが拾い上げられるとも考えられる。あるいはその時代，文化の中で求められるモチーフが作用すると言えるのかもしれない。このように考えていくと，個々人にとって意味を成すという体験は，同時に時代や文化を超えて人々に受け容れられていることでもあり，おとぎ話は時代を超え続けるという意味において「生きているもの」だと言えるのではないだろうか。

　さらに元型的な心の基本的パターンは，人間の一生涯，発達過程の様相が表現されているとも考えられている。この発達過程，すなわち人間の人生には節目節目があり，その固有の時期には乗り越えるべく課題，人として成長するための課題が存在する。おとぎ話にはそのような人として成長する課題が表現されている。例えば子ども時代から思春期へ，思春期，青年期から大人への時期，それは母なるもの（父なるもの）からの心理的自律（自立）を表す。あるいは少年から男性へ，少女から女性へ成長するなどが人生の発達段階における代表的な心の発達課題といえる。

あるいはそれと同時に，固く一面的な生き方な場合には，柔軟性を与えるような心の要素を獲得する課題もある。自我は，通常その人の意識的態度を表しているとされ，外界に適応しようと生きれば生きるほど意識的な態度や生き方に偏りがでることもある。そのようなとき意識していない（無意識）の中に存在するいくつもの心的要素は自我の一面性を補い，その人の人生を見直す方向へ導いてくれることがある。それらの心的要素とは，例えば男性の心の中の女性的要素（女性性），女性の心の中の男性的要素（男性性），あるいはそれまで自分の人生の中で生きてこられなかった心の側面（影となってしまった心の要素）であり，それらの側面を新たに引き受けることが，その人の生き方を見直すことにもつながる。このように心の課題に向き合うことは，人として発達し，成長を遂げ人生をより豊かに生きていく糧になると考えられる。このような人としての変容や成長を分析心理学では自己実現，もしくは個性化と呼ぶ。このおとぎ話に表現された個性化の過程をみていくことは，自分の生き方，つまり私が私の人生を生きるためには自分の人生をどう考え，どう受け止めていくのかを考える契機ともなる。よっておとぎ話において表現される心の課題は，人間が生きることそのもの，心の成長や発達といかに重なり合うかとも理解できる。

　以上のように，おとぎ話に触れる体験を通して個々人の心の中に気づきや情緒的経験を得るという点は，臨床心理学の実践的領域である心理臨床の場面と結びつけて理解することができる。それはおとぎ話で描かれた人間の心の発達過程と，各個人が置かれている状況や心の状態とを照らし合わせることでもある。この点は，おとぎ話の普遍性に触れることが心理療法的効果をもつこととも関わる。先に述べたおとぎ話の中で表現された人間の心の発達や成長の姿と，今を生きるわれわれの一人ひとりが，自らの心とを繋げる体験を通じて，自分にとって何か重要な内容の発見が可能であるということでもある。

　さて，本書では物語の素材として，西洋についてはおとぎ話の代表作品の

ひとつである『グリム童話』，日本については『日本昔話大成』をとりあげる。この『グリム童話』は，ドイツのグリム兄弟が民衆の間に伝承されていたおとぎ話を収集したものである。その後，フランスのペロー集成のように世界の至るところで，おとぎ話の収集が行われた。このようにおとぎ話を収集し，世に送り出す大きな契機となった『グリム童話』を素材としたい。一方，日本における昔話の採集と収集，分類と整理については，柳田國男（1948）や関敬吾（1978〜1980）のものが代表としてあげられる。本書では，関敬吾による『日本昔話大成』を素材とする。

2. おとぎ話における音・音楽についての研究

次に，本書の主題である「音」について取り上げた臨床心理学的研究を述べる。

河合（1977, 1982, 1997）は日本の神話『古事記』，日本の王朝物語『宇津保物語』に登場する「琴」，日本の昔話『笛吹聟』に描かれる「笛」に注目している。まず『古事記』を素材とした研究（河合, 1977）の中では，父である須佐之男（スサノヲ）が琴の音によって目覚めたことで物語に転機が起こる場面が注目されている。女性の父親が求婚者に対して難題を与えるというテーマ，つまり父なるもの，父性原理の顕現，色々なイニシエーション（通過儀礼）の段階とそれに伴う試練という物語のテーマの上で琴の「音」がどのような作用をもたらしたかについて論及された。また日本の昔話「笛吹聟」の中に登場する笛を吹く若者たちは注目に値すると言及し，笛の音は「堀を越え，垣を越えて聞こえてくるので，父の強い防衛にも拘らず，娘の心へと達してゆく」とその浸透力について述べている（河合, 1982）。

さらに『宇津保物語』，『源氏物語』の須磨巻や明石巻など平安朝文学の中に興味深い音や音楽が登場する。これらの物語では登場人物が異郷で音楽を体験することや，男女の出会いや再会が音楽により導かれるなどの共通点が

ある。楽器や音楽が描かれているいくつかの王朝物語の中でも『宇津保物語』についての研究では，宇津保物語に底流する霊験を顕す琴の演奏とその継承が物語の重要なテーマとして扱われている（河合，1997）。河合（1997）は「音は不思議な効果をもっている」とし，「音」について「物語を人間の内界のこととして捉えるなら，人間のたましいから意識に伝わってくる媒体として，『音』こそまさにふさわしい」「人間の心では簡単に推しはかれないたましいのはたらきを，心に伝えてくるものとして，『音』，とくに『音楽』は非常に適当なものである。それは，どこから来たのかはっきりわからないときもあるし，境界を超え，あるいは透してやってくる。それはまた，たましいとたましいとをつなぐものでもある」と言及している。以上のように，「音」に注目することで物語のテーマの探求における「音」の作用について論及されている研究をとりあげることができる。

さらにおとぎ話の音楽について Riedel（2002）の示唆に富んだ指摘がある。スイスの民話「沈黙を得た鍛冶屋の娘」を素材に，女性性の意味ある変容過程が分析されており，Riedel（2002）は，物語に登場する音楽について「ここでの音楽は，夢に出てくるときと同様に，感情の息吹きと関係がある。これまでまったく感じられなかった感情機能の兆しが見え出す。この機能はまだなじみが薄く未熟だが，これまでとってきた方向性をもつれさせる可能性をもっている」と述べている。

このように，おとぎ話における音の重要な作用にかかわるいくつかの示唆的な研究や言及はみられるが，心理学的な視点から「音」や「音楽」を主体とし，その意味について詳細に検討する研究はまだまだ少ない。そこで本研究では，はじめにおとぎ話の中で「音」や「音楽」がどのような要素として表現され，またどのようなイメージと関わりをもち得るのかについて考察する。さらに本研究では，「音」や「音楽」の中でも「歌」の表現に焦点をあてる。なぜならおとぎ話で表現された「歌」の中には，登場人物が重要な変容を遂げ節目のときに生ずる「歌」があり，そのことは，心理臨床の場面に

おいて，人が変容を遂げることで次元が変わり成長するときに立ち現れる「言葉」「語り」との間に接点があるのではないかと考えたからである。そこで『グリム童話』と『日本の昔話』の両物語に登場する「歌」の共通性と相違する内容を明らかにする。その結果，日本と西洋における「歌」，「歌うこと」についての差異や特徴を考察する。その考察を通して，西洋人と日本人の心の発達と成長，自己実現との関連性についての検討も試みたい。

3. 音楽史のなかの「音」と「音楽」

(1) 音楽史から見る「音」「音楽」の始まり

　ところで音や音楽は，当然ながらおとぎ話の中や心理学的な立場からに限って言及できるものではなく，他の領域と深く関わりがある。音楽の歴史は今日にいたるまで刻み続けられており，おとぎ話の中の「音」と「音楽」の意味を考えていくために，まず音楽の歴史の一端を概観しておきたい。本論では，「音楽」と名づけられる以前の「音」の誕生から「音楽」に至るまでという全体的な視点で「音」の存在を捉えている。だが，本研究の目的としている「歌」や「歌うこと」そのものを検討するために，「音楽」と名づけられる以前の「音」の表現，すなわち「声」を発することで何かを表現するような音の世界である音楽の歴史のはじまりに近い時期を中心にみていく。

　音楽の起源を正確に述べることは難しいが，広い意味での音楽は人類が地球上に現れたと同時に生まれたと考えられている。石や木片を叩いて相手に信号を送るということからリズムが生まれ，叫び声や呼び声などから旋律が生まれたとされている（渡邊ら，1986）。感情を乗せ表現するということも「声」に含まれていたのではないかと想像できる。「音楽」の起源は「音」の存在そのものから歴史の中に刻まれていると考えられる。また日本における音楽史では，日本音楽の起源に注目することができる。『古事記』にはスサノヲの乱暴によりアマテラスが天の岩戸に隠れるが，神々の祭儀，舞踏や音

楽の響きによってアマテラスが岩戸から再び姿を現すという神話が残っている。

　音楽と呼ばれる以前の音の役割を想定すると，「音」には，人間の「生」あるいはそれを超えた背景にも深く関わりがあると考えられる。「音楽を創る」と意識する前の時代では，西洋や日本という文化を問わず「音」を出すことによって，自らの存在を示し表現する方法であり，他者と交流を図ることができる手段であった。このことは第4章や第5章で述べる「歌」，および「歌うこと」について検討していく上で重要な助けとなる。

(2)　魔術としての音楽

　数万年前に人間の言語の成立から歌が発生し，1万年前ほど前から狩りに使った弓から弦楽器が，角笛や骨笛から管楽器が作られたとされる（渡邊ら，1986）。さらに当時の音楽は一神教的な信仰をあらわすためのものであったと考えられており，彼らの芸術は呪術行為と関連していたとされる。つまり音楽は魔術の手段と考えられ，物音はそれが声であれ，人体の器官外から発せられるものであれ，魔術と関連して使われていたのであり，そこから音楽というものへ発展してきたと推察することもできる（Wörner, 1962）。以上のことから音楽の起源と名づけるところへ近づけば近づくほど，人間の身体，本能，感覚との親密さや自然との融合がうかがえる。これらの内容はおとぎ話に登場する歌や楽器の音が，時空を超えて何らかの力を発揮することなどの意味を考える上で参考となる。この点はおとぎ話の中の「音」「音楽」が人の心性とどのように関わりをもつのか，どのようなイメージに近いのか考えるときの手がかりになるのではないかと考えられる。

(3)　音楽の二側面

　さて，古代や中世にあっては神話から音楽の起源が説明され（Grout, 1969），人々は音楽を神から授かったものと信じていた（Wörner, 1962）。ギリ

シャ神話によれば音楽は神にその起源をもつとされ，音楽を創めた者，実際に行ったもっとも古い者として，アポローンやアンピオーンやオルペウスのような神や半神半人の名が挙げられている（Grout, 1969）。音楽は厳粛な神への礼拝行為から放免な世俗の喜び（Wegner, 1985）のものまで幅広いが，ここでは宗教的な儀式や祭典で極めて重要な位置を占めていた音楽を中心に述べる。

　音楽（Mousike）とはその名のとおりムーサ（Musa），すなわちミューズ（Muse）の神から霊感を与えられ，それに由来すると考えられていた（原田, 1986）。プリギア（小アジア）のアウロス（たて笛）はギリシャに輸入されキタラ（リラ，現在でいうギター）と共にギリシャの楽器となった。これらの二つの楽器はギリシャ音楽の異なる二つの面を代表している。キタラはアポロンの祭典では最も高い地位を与えられ，今日アポロン的と呼ばれるものは均整感，水晶のように明晰な形式，澄みきった美しさと無垢の純粋性，古典ギリシャ芸術に通じて見られる完全な調和がこの儀式から源を発している。芸術と科学の神聖なパトロンであるアポロンの洗練された知性とすぐれた節度に対して，他の非常に異なった要素を示すのはディオニソス的恍惚，情熱，狂乱，官能であった。音楽の上ではギリシャ芸術の，暗い，奔放，激しい面，浪漫的な心情と官能的な激情を代表するようになった（Leichtentritt, 1959）。

　さらに原田（1986）は，アポロンの祭典に用いられるキタラに関連して「ギリシャ的なものの本質の一面をよく象徴している（中略）土台には「個」の典型を実現しようとする意欲が横たわっている（中略）アウロスはディオニソスの祭礼に用いられ，主観性の強い激情の陶酔的な表現を特色とし，ここでは前者とは逆に個体を超越しようとする飛躍が見られるのである。情熱のほとばしり，官能のうずきを刺激してやまない楽器だった」と述べている。これらギリシャ音楽の代表的な特徴を示す二側面は音楽における「交互の性質が循環する原理」を生み出したと考えられる。音楽の歴史は「音楽」

と名づけられる以前から始まりその後，古代，中世，ルネサンス，バロック，古典派，ロマン派，20世紀以後の音楽そして現在に至る。音楽史に見られる循環のテーマは，交互の繰り返しとして各時代の中で生かされている。

　以上，述べてきたように音楽の歴史の中で，アポロン的・ディオニソス的要素は共に生かされてきた。この二側面は音楽の世界だけでなく芸術の本質であり，また人間の心の深い神秘（Leichtentritt, 1959）を人は感じ，それを表現してきたのだと考えられる。牧（2003）はこの二面性に関して「対立するものの一対が，一方は必然として他方を求め続けるその循環原理によってもたらす調和の姿である」と述べている。さらに牧（2003）は「2面性の循環は，それを創り出した人間に時空を超えて脈打ち続ける生命のリズムがそれへと駆り立てたものであり，この形式の背後に，2足歩行の，血液循環を告げる搏動のリズム，人体という小宇宙が刻む呼吸，あるいは過去に生きた人間の呼吸は，現在を刻一刻と生きる我々の呼吸に他ならないというこの一点において，我々は過去とつながり得る」と音楽の歴史に見られる人類に共通的な普遍性について論及している。異なる様相を見せる二側面は，全く別個の存在でなく全体の中に本来在るものが異なる局面として表現されたと考えられるのではないか。このように音の要素には，全てを超えて不変である生命のリズムを映すもの（牧，2003）や，人間の「生」の根源ともいえる二側面があると考えられる。おとぎ話に登場する「音」や「音楽」においてはこれらの二側面，つまり相対するような性質のものの相互作用という原理は，どのように反映され，関わり合いながら意味をもつのであろうか。

第2章　グリム童話における音と音楽

　グリム童話の中にはさまざまな表現形態をとって「音」が登場する。金田(1979)の『完訳グリム童話集』によるとその改訳版では，グリム童話は総数267篇とされ，そのうち158篇のなかで何らかの表現により「音」や「音楽」が登場していた。なお，そのうち71篇にて「音・音楽」の明確な役割，および物語に対する作用が見受けられた。

　「音」には多種多様な種類があげられ，「音」の存在から「声」，「歌」，「音楽」というように範囲は広いと考えられる。この幅広い音の数々は，主に音源を基に音の「種類」として分類していく。また，この音の種類を捉えていくと，それぞれの種類の音が物語に出現する場面で，その物語に与える影響についての理解が必要ともなる。つまりこの幅広い音の多くについて，物語の場面ごとにどのように立ち現われてくるのかを見ていくことが音の「機能」である。それは物語での音や音楽が果たしている役割でもある。物語に登場する「音」「音楽」についての意味を検討するために「音の種類」と「音の機能」の両者の視点からの考察が必要となる。

1. 音の種類による分類

　音源に基づいて音の種類を次の5つに分類した。a. 自然の音，b. 動物の鳴き声・歌声，c. 楽器による音，d. 人間の声・歌声，e. その他の音，である。a. からd. までの音の種類には物語の展開において役割が見出された。e. はa. からd. に分類できない音，例えば日常音，生活音などを含む。では次に各音の種類についてみていく。

a. 自然の音

小川のせせらぎや，風により木々の葉が揺れる音などがある。

例1．「兄と妹」(KHM11　KHMとは，原著名 Kinder-und Hausmarchen の略号で，番号は，1857年刊行の決定版に付された物語番号である。）の泉の水が流れる音。

例2．「池にすむ水の精」(KHM181) の池からなる音。

b. 動物の鳴き声・歌声

動物の鳴き声や動物の歌を示す。この場合，人間が動物に変身したもの（変身させられたもの）は，動物の歌とした。

例1．「ヘンゼルとグレーテル」(KHM15) の子どもに聞こえる小鳥のさえずり。

例2．「蛙の王子」(1-ィ) の魔法をかけられ蛙になった王子が歌う歌。

c. 楽器による音

笛や竪琴，太鼓などの音がある。またいろいろな楽器が合わさっての「音楽」という描写もある。

例1．「ハンスぼっちゃんはりねずみ」(KHM108) のハンスが吹く笛の音色。

例2．「奇妙な楽人」(KHM8) の胡弓の音色。

d. 人間の声・歌声

人間の声にかかわるあらゆる音である。「歌」を伴っている場合は踊りを含むこともある。

例1．「ラプンツェル」(KHM12) のラプンツェルの歌声。

例2．「つぐみひげの王様」(KHM52) の町楽師の歌。

表1．音の種類の分類

a. 自然の音(12)	水(2)，小川(1)，池(1)，地面(1)，風(1)，木(3)，森の中の描写(1)，石(1)，かみなり(1)
b. 動物の鳴き声・歌声(30)	蛙(2)，鳥(7)，小鳥(3)，うぐいす(2)，鳩(3)，おん鶏(2)，からす(1)，がちょう(1)，ふくろう(1)，かも(1)，やぎ(2)，犬(2)，きつね(1)，馬(1)，はりねずみ(1)
c. 楽器による音(33)	胡弓(4)，角笛（笛，袋笛，木の葉の笛含めて13)，音楽(7)，楽(3)，ヴァイオリン(1)，琵琶(1)，太鼓(1)，堅琴(1)，「楽器」と描写されたもの（猫が楽器を奏するを含めて2）
d. 人間の声・歌声(36)	声(7)，泣き声(1)，歌声(22)，さわぎ(1)，きき耳(1)，踊り(4)
e. その他の音(47)	鐘(4)，羽音(7)，鈴(3)，指輪の音(2)，扉（戸，門，錠前含めて7)，水車(1)，ざわざわという音(1)，家の中の音(1)，魚が揚げられる音(1)，お金(3)，磨ぐ音(2)，物音(2)，家鳴(1)，仕事をする音(1)，大気の精(1)，王宮に戻る音(1)，空中に何かが響く音(1)など…

註　（　）内はそれぞれの音の種類の出現数である。

e．その他の音

上記の分類に明確にあてはまらない種類の音を「その他」とした。その種類は数多い。例えば鐘，鈴の音色，羽音などが挙げられる。

また明確な役割はなく統一できないもの，あるいは描写などで登場しているものがある。

そしてこれらの音の種類の分類とその出現頻度を表1にまとめた。先述したようにこれらの音はさまざまな「機能」をもつ。そこで次にこれらの音の「機能」を分類した。

2. 音の機能による分類

　物語における音や音楽の機能を次の6つに分類した。a. 導きのための音・音楽，b. 惑わすための音・音楽，c. 力を使うための音・音楽，d. 何かを思い出すための音・音楽，e. 真実を明らかにするための音・音楽，f. その他・不明である。a. から e. までの音の機能には，物語の展開において役割が見出された。f. は，a. から e. に分類できない音の機能などを含む。では次に各音の機能についてみていく。

a. 導きのための音・音楽
　音や音楽に導かれ物語の展開が起こるという機能である。これらの音や音楽は主として導入場面に登場する。
　物語の導入場面で登場する音・音楽は物語の新たな展開が起こることに関わっている。物語における重要な展開や起点，「時機」が来ることの前触れやそれを予期させるとも理解できる。「兄と妹」（KHM11）での兄と妹は，森をさ迷い極度に喉が渇いているとき水が流れる音に気づく。これは泉の水が流れ出ている音であり，二人はその音に惹きつけられ，音がする泉を探し求め歩く。泉に出会うことで第一の展開が起こる。それは兄が，飲んではいけないと忠告された水を飲んでしまい小鹿にされるという展開である。その後色々な出来事が起こっていく。森の奥深くに入り込むとは主人公にとって，森＝無意識の世界，あるいは内界への旅の始まりを意味すると考えられる。泉の流れる水の音は物語が始まっていくための，つまり導きとなるための音と考えられる。
　また「ヘンゼルとグレーテル」（KHM15）では子どもたちが森の奥深くに入り込んでしまい，体力の極限時に小鳥のさえずりが聞こえる。その音の方へ進むと子どもたちはお菓子の家に辿り着き，その後物語の新たな展開が始

まる。ここでは小鳥のさえずり，つまり動物の鳴き声の登場が物語の展開における導きの機能として関わっている。

次に「ラプンツェル」(KHM12)において音が最初に登場するのは，王子が森を通りかかったとき，塔に閉じ込められているラプンツェルの歌声が聞こえる場面である。王子は歌声に惹きつけられるが，それは理屈では考えられぬような，意識では捉えきれぬような衝動や情動，官能性による性質のものとも考えられる。王子はその歌声に惹かれ声の主を確かめようとして二人は出会う。つまりラプンツェルの歌声によって二人は出会い，その後，新たな展開が生じる。新たな展開では二人にそれぞれの試練のときがやって来るのだが，ここでも新しい領域へ進み出すための導きとなる音（ここでは歌声）という意味が考えられる。

以上の例をふまえると，導入場面での音の登場について以下の点が考えられる。

第1に音の登場によって物語の展開部分が導かれている。

第2に登場人物が音に導かれて現時点より（心の）奥深くの領域に入っていく，つまり主人公にとってまだ踏み込んだことのない未知の領域，これまで気づかなかった領域を体験していく契機になっているという点である。これらのことから，導入場面において登場する導きのための音・音楽は無意識の領域に入っていくことに深く関連していると考えられる。

以上のように通常，導きのための音・音楽は導入場面に登場する場合がほとんどであるが，例外として「ラプンツェル」(KHM12)や「ヨリンデとヨリンゲル」(KHM69)では，「音」が導入場面と最終場面の両場面において登場する。「ラプンツェル」(KHM12)での場合，導入場面ではラプンツェルの「歌声」，最終場面では「声」として登場している。この最終場面における「声」とは，王子が何年も森を歩いていたとき，ふと聞き覚えのある声が聞こえラプンツェルとの再会を果たすという状況に関わっている。互いに試練のときを過ごした後の出来事である。ある期間深い領域まで降りてゆき，そ

の領域を生きるという経験をした後，再び戻って来るときに聞こえる音とでも言い表すことができようか。最終場面で登場する声は，王子に衝動的にではなく聞こえる時機にこそ聞こえた音であると考えられる。その音は過去と現在を繋ぐ音であり，またラプンツェルと王子が真に出会い，再生するうえで関与している音であると言えるのではないかと考えた。

　おとぎ話のなかで生じたこの事実に関して考察できる点は，物語の導入では言葉になる以前の情動や感情の即興的な表れという意味において「歌」として登場するということである。最終場面では登場人物が内界の旅を経ることを通して，形にならなかった心の内容に輪郭が生まれ，次第に意識化，すなわち，言語に近づいていくという意味において「声」として登場したのではないかと考えられる。つまり「音」「音楽（ここでは歌）」は現実と内界，意識と無意識の境界枠を示すものとして考えられる。

b. 惑わすための音・音楽

　登場人物ら（動物）が意識では捉えられないような感覚によって音や音楽に引き寄せられる体験に関係がある。それに関してはa. 導きのための音・音楽での機能と似ているが，惑わす音・音楽はその音によってプラスの結果とは考えにくい状況を引き起こす点に特徴がある（もちろん，物語全体の結果を考慮し，広い視野で捉えるとマイナス転じてプラスの結果というようにも解釈できるが）。以下物語の具体例を示す。

　「ながい鼻」でのお姫様は，不思議な力をもつ角笛（吹くと兵隊が集まってくる力がある笛の音色）を盗もうと考え笛の持ち主や兵隊の前で唄う。すると兵隊や笛の持ち主までその唄に聞き惚れてしまい，姫の思惑通り笛は盗まれる。

　「ガラスのひつぎ」（KHM163）ではお姫様が寝ているとき不思議な音楽が聞こえる。男は魔法の力で「妙な楽」を響かせ姫を眠りから覚ました。姫は男に魔法をかけられガラスのひつぎに閉じ込められる。そして救ってくれる

男性を待つ。つまり姫は目覚めるための準備期間に入っていき無意識的な領域に一時留まることになる。妙な楽の音色の出現はその領域に入るための導きとなったとも考えられる。結果はプラスの意味となるが，試練に入る前の閉じ込められるという状況の音楽は，惑わしの機能だといえる。

　以上の具体例から惑わす音・音楽は，登場人物（動物）が意識的に捉える暇もなく瞬間的に惹かれていく，もしくは理由は分からないが理屈ぬきになぜか引き込まれるという点から音楽がもつ未分化性や衝動性との関わりがあると考えられる。それは結果的にはプラスとなるが，最初は方向性が定まらない危うさがあり，その意味において惑わしの機能とみることができる。

c. 力を使うための音・音楽

　音の種類でいうと楽器による音の表現形態で登場し，さらに主として「楽器の力」が描かれる場合が多い。楽器の登場ではほとんどの場合，楽器を鳴らすのは男性であることが多く，その音を聞きつけるのは男性，女性の両性である。ただし聞きつける男性は王であることが多い。

　また楽器は人工物であるという点に注目することができる。人工物である楽器は人間の意識や意志によって加工され，人間そのもののなまの性質を増幅させるような機能が考えられるのではないだろうか。

　楽器の音の登場は主として次の2通りの状況が挙げられる。①楽器の音色が登場人物（動物）を惹きつけ，その後展開が起こる，②楽器が何らかの力を出すという状況である。

　①音色に惹きつけられた後に展開が生じる物語を例にあげると，「三羽の小鳥」（KHM96）では，まだ知らぬ息子が吹く笛の音色に王が惹きつけられ，その後今までの出来事が全て王に明かされることにより笛の吹き手が自分の息子であるとわかる。「ハンスぼっちゃんはりねずみ」（KHM108）はハンスが吹く笛の音色に路に迷った王が惹きつけられ，その後ハンスは王の娘の夫になり物語の展開が起こる。「ろばの若様」（KHM144）では，琵琶演奏

によりろばの青年は王から塔に通され，お姫様と結婚し新たな展開が起こるなどである。

②の場合も楽器を鳴らすのは男性であり，物語では「背嚢と帽子と角笛」(KHM54) の吹くと何でも壊れてしまうという力がある笛の音色が登場する。この壊れるというようなパワーは破壊的ともいえる男性的な力だと考えられるのではないだろうか。その他では「ながい鼻」の角笛を吹くと兵隊が集まってくる，「地もぐり一寸ぼうし」(KHM91) の笛を吹くと一寸ぼうしが大勢出てくる，「実意ありフェレナンドと実意なしフェレナンド」(KHM126) の呼子の笛の音色で魚が集まってくるなどを例としてあげることができる。以上の内容から力を使うための音・音楽には，ときに人間の意識の関与がみられ，また外に向かって働く作用があるのではないかと考えられる。

また①と②の場合，ともに楽器の担い手は男性である。先に述べた「人間の意識の関与」あるいは「人間の力の増強」は，男性的なもの（男性性）により行われているということになる。「男性」に表されるイメージは「意識」を明確に打ち出している点であり，人間の意識を具体的に示すことが楽器に託されている。意識的な力とは，時空を創造する，あるいは時空に明確な枠を与えるという意志の表れと考えることもできよう。

d. 何かを思い出すための音・音楽

一時的に離れ離れになった男女が再会を果たし「二人で将来を約束していた」ことを思い出すという機能である。その場合，昔のことを忘れていた男性が女性の声によって過去の出来事を思い出すという形がほとんどである。女性は男性が思い出すよう努力し挑戦するが，一回目と二回目までは何らかの原因でうまくいかず三回目の試みが成功するという結果が多い。

例をあげると，「恋人ローランド」(KHM56) では，娘の歌声によってローランドは昔を思い出し娘と再度結婚する。似た例として「なきながらぴょんぴょん跳ぶひばり」(KHM88) では，娘の声によって王子は娘のことを思い

出すなどが挙げられる。

　他に「池にすむ水の精」（KHM181）では，男が吹いた笛の音色を契機に男と女が以前は夫婦だったことを思い出す。このように男性から発せられた音により女性が過去を思い出す状況は珍しいと言える。

　以上の内容から，何かを思い出すための音・音楽について以下の点を考察する。

　第1にここであげられた音，歌，音楽は，最終場面に近いところで登場し，それによって登場人物の再会や再生が果たされる。

　第2に登場人物達は，音，音楽によって意識では捉えられないような深い世界を体験してその領域から戻ってくる。つまり無意識的な領域から戻ってくることに関わりが深いと考えられる。登場人物たちは，それぞれの試練から生き残り，新しく生まれ直す瞬間を得る契機に成り得る「音」だと言い換えることもできる。

　また，この機能では「女性の歌により男性が思い出す」点が重要である。ではこの「思い出す」とは象徴的には何を表しているのか，歌の担い手が女性であり，聞き手が男性であるという性役割にどのような意味があるのかについては第5章にて検討する。なぜなら，グリム童話と日本の昔話に登場する「歌」の特徴を明確に示すことにより，両物語におけるそれぞれの「歌の独自性」の理解が深まると考えるためである。

e. 真実を明らかにするための音・音楽

　主人公（登場人物ら）が意地の悪い側面をもつ人物から，マイナス状況に陥るよう仕向けられた後，その一連の出来事の真実が明らかになるという機能である。

　例をあげると「蛙の王子」（KHM1-イ）では，蛙の王子の歌により蛙の王子の魔法が解けて人間に戻る，人間として生きる現実に帰る。

　あるいは「柏槇の話」（KHM47）や「三羽の小鳥」（KHM96）があり，鳥

の歌の登場をきっかけに真実が明かにされる。

　真実を語る役割は鳥や小鳥が担っている場合が多いことに関連して，Franz（1974）は鳥について「象徴的に『鳥』は直観を表す，空つまり霊界の媒体を飛ぶ動物は秘密の第6感，後で本当であると分かる，われとも知らぬ思考にかかわっているはずである」と述べているが，そのような「鳥」が真実を語りにやって来たと解釈できる。また河合（1977）は，「鳥」は象徴的には「魂」を表し，空を自由に飛べるという視点から，突然にひらめく考え，思考の流れ，空想などとも結びつくと指摘している。突然のひらめきが，無意識内に存在する心的内容が突如として意識内に出現することによって生じる（河合，1977）のだとすると，「鳥の出現」や「鳥の歌」はものごとの真実が気づかれる瞬間を告げるために「時機」を待って現われたと考えられないだろうか。「突如」であり，だがそれは，訪れるべく「時期」「時機」でもあると考えられる。このような真実を明らかにするための音・音楽は動物の歌声がほとんどであることは興味深い。

　「池にすむ水の精」（KHM181）では，男が吹いた笛の音色によって二人の男女が以前夫婦だったことを思い出させる契機になる，つまり真実を思い出すことを導くと解釈することができる。この真実の導きは二人がそれぞれの試練の時期から戻ってきたと考えられる。それは試練を生き抜いたからこそ成長した姿で戻って来られたのであり，それと同時に新しく生まれ変わったと考えることもできる。また楽器によって真実が明らかにされる場合，楽器は人間の骨でできた笛である。他に類似した物語としては，「唄をうたう骨」（KHM28）がある。これらの物語では，人間の状態では語れなかったことが骨という剥き出しのものならば語りえたことを表しているのではないだろうか。

　さて以上の内容から，真実が明らかになることは物語の終結を迎えることに関連しているのではないかと考えられた。物語の最終場面での音・音楽の登場には以下の2点が考えられる。

第1に無意識ともいえるような深い領域から戻ってくることに大きく関わっている。

第2に新たに出会う,生まれ直すということに深く関わっている。つまり最終場面での登場する音・音楽は,登場人物が試練の時期,内界の旅を経て無意識の領域,より深い領域から現実の世界に戻って来ることに深く関わっている。

f. その他・不明

その他の機能としていくつか列挙する。①鐘の音は時間を表す機能が多く,音色をきっかけに何かが瞬時に変化する様子がうかがえる。また羽音は時間を表す鳥の到来を知らせるものとして登場している。②鈴の音は自分の居場所を知らせ,助けを求める機能である。また,その他の機能として分類し難いものや,情景や状況を描写した音や音楽は不明とした。

表2. 音の機能の分類

a. 導きのための音・音楽(22)	
①導入場面での登場	自然の音(1),動物の鳴き声・歌(3),楽器による音(10),人間の声・歌声(3)
②最終場面での登場	動物の鳴き声・歌(2),楽器による音(2),人間の声・歌声(1)
b. 惑わす音・音楽(3)	楽器による音(2),人間の声・歌声(1)
c. 力を使うための音・音楽(6)	楽器による音(6)
d. 何かを思い出すための音・音楽(10)	楽器による音(1),人間の声・歌声(9)
e. 真実を明らかにするための音・音楽(11)	動物の鳴き声・歌(7),楽器による音(1),その他の音(3)
f. その他・不明(79)	人間の声・歌声(2),その他の音

註1 ( )内は,それぞれの音の種類の数である。
註2 「fのその他・不明」は,a.～e. のように明確に分類はできないが,何らかの機能が考えられるもの,あるいは機能を有しているかどうか不明なものである。
註3 音の登場総数と表中の数が合わないものは,ひとつの物語に複数の音や機能が存在する場合である。

「その他・不明」以外の音や音楽の種類・機能は物語全体の中では少ないが，それらの音の数々を分析すると物語において音（音楽）独自とも考えられる重要な役割を果たしている。よって物語の中で役割を果たす音や音楽を取り上げ分析の素材としている。

以上，音の「機能」の分類とその出現頻度を表2にまとめる。

3. 音の種類と機能の結びつきについて

次に分類の結果に基づき，音の種類と機能の結びつきを取り上げていきたい。以下，音の種類と機能の結びつきを表3に示す。

表3．音の種類と機能の結びつきについて

種類＼機能	導き	惑わし	力	思い出す	真実	合計
自然	1	−	−	−	−	1
動物	5	−	−	−	2	7
楽器	10	2	6	1	1	20
人間	5	1	−	9	−	15
合計	21	3	6	10	3	43

(1) 「音の種類」の側面から

ここでは，物語のなかで明確になった音の種類と機能の関わりにおける特徴について検討する。そのため音の種類と「その他の機能」の結びつきについての考察は省略する。

a. 自然の音

導きの機能と結びつきがある。自然の音は象徴的には無意識の世界を表す水や森の音である。そのような世界から登場人物に対して内界へ旅立つための呼びかけがされている，自然界が導き手になっているのではないかと考えられる。同時に音は，登場人物が自然のなかから再生する際の導き手にもなっていることから自然の音と導きの関連が考えられる。

b. 動物の鳴き声・歌声

導きや真実を明らかにする機能と結びつきがある。動物が象徴的には本能的，生物学的なイメージをもつとすれば登場人物が内界へ導かれるために，また登場人物が体験したことを意識・無意識共に真実として統合していくための場面において動物による音との関連が考えられる。

c. 楽器による音

全ての機能と結びつきがある。楽器の音は，音の発信から音楽を創り出すものまで，つまり原始的なものから人間の高度な精神性を反映するものに至るまで幅が広い。よってその幅の広さとあらゆる機能を担う面との関連が考えられる。

d. 人間の声・歌声

導き，惑わし，何かを思い出すこと，真実を明らかにする機能と結びついている。「声」や「歌」がまだ気づかぬ統合されていない秘められた感情や情動の部分を表すのだとすれば，登場人物が内界に直面する体験を通して「自分になること」で再生する「導き」，内界に立ち向かう上での危うさも伴う「惑わし」，内界での体験に収まりをつける「思い出し」や「真実」の一致との関連が考えられる。

e. その他の音

　導き，真実を明らかにする機能との結びつきがある。その他の音も音や音楽がもつ何らかの特徴との関連が考えられよう。

(2) 「音の機能」の側面から

　ここでは，物語のなかで明確になった音の機能と種類の関わりにおける特徴について検討する。そのため，音の機能とその他の音の結びつきについての考察は省略する。また，基本的に音の種類と機能は独立した意味を有している。しかし機能を考える際，自ずと種類（音源）の理解も含まれる。よって(1)の音の種類の側面からの考察と重複する内容もある。

　　a. 導きのための音・音楽

　全ての音の種類と結びつきがある。なかでも楽器の音による導きが目立ち，機能としての総数も多い。楽器は，登場人物が内界に入ってゆく「導き」の作用を強める形で用いられているように考えられる。また，音が「導き」のために多く表現されることから物語における音・音楽は，心を惹きつけて何かが始まっていくことに関わりが強いと考えられる。

　　b. 惑わすための音・音楽

　楽器の音，人間の声・歌声との結びつきがある。登場人物たちが惑わし惑わされることで何かが起こり，方向性が分からなくなるような状況が生じる。惑わす者には相手を引き込もうとする意図や意識が現われている場合もあるが，惑わされる者は意識する暇もなく引き込まれてしまうような無意識性が現われている。男性が女性を，あるいは女性が男性を惑わす，つまり異性が惑わし惑わされることで物語の展開が起こる。

c. 力を使うための音・音楽

　楽器の音のみと結びつきがある。主として「楽器の力」が描かれる場合が多い。よってこの機能には楽器の人工性や人間の意志，意識の強い関与が見受けられる。楽器の音は人間の意志や意図，つまり意識的な作用を強めるだけでなく，それぞれの機能の力を増幅させているとも考えられる。また先にも述べたように楽器の登場ではほとんどの場合，楽器を鳴らすのは男性であることが多く，その音を聞きつけるのは男性，女性の両性である。ただし聞きつける男性は王であることが多い。

d. 何かを思い出すための音・音楽

　楽器の音，人間の声・歌声との結びつきがあるが，人間の声・歌声による音がほとんどである。そのほとんどの場合，声を発するのは女性でありその聞き手は男性，それは恋人であることが多い。
　グリム童話に登場した女性の歌声には何かを思い出させる「力」が存在すると解釈できるが，さきに述べた楽器がもつ力とは，その質が異なっていると考えられる。楽器の人工性や意識性は，人間の声をもって音を表現する女性，なまの声を通じて音を表現するその本能性や情動性と対照的であると考えられる。ではなぜ歌の担い手が女性であるのかについて考えてみたい。
　グリム童話に登場した女性の歌声が本来の真実に気づかせ，未来へと繋がる歌でもあるという意味合いは，西洋の世界に登場する神話のなかの女神などのイメージを連想させる。それはギリシャ神話に登場する音楽や記憶などの女神ムーサ（英語名：ミューズ）である。Meunier（1945）はミューズの歌声の意味のひとつに「過去から得た賢き知恵によって，現在を正しく評価し，未来の隠れた秘密を推計することができる」と述べている。このことはグリム童話に登場した女性の真実を思い出させる歌声との関連性が想像できるのではないだろうか。
　一方，ミューズのような女神だけが「歌」をイメージさせるのではない。

同じくギリシャ神話に登場するセイレーンは，人魚として豊穣のシンボルの意味があった（尾形，1991）。セイレーンの歴史的解釈のはじまりは，セイレーンの魔力は歌声にあるとされ，その後，魔力は歌声にあるのではなく美しい容姿にあり，そしてセイレーンを色欲の象徴とみなす新説はキリスト教の禁欲思想と合うことになった。ただし，セイレーンのイメージは「官能性」という言葉の表層的な意味に留まらないのではないだろうか。そのイメージは，危険性を伴うものでもあり，未知なるものへの魅力でもある。それらのイメージが意味することは，人間にとってできれば見たくないものや向き合いたくないものについて，自分の一要素として意識化して認め，新たに受け入れられるのかどうかとの狭間で，もがき悩むことの必要性があるとの解釈もできるのではないだろうか。これらの内容は第1章で述べたギリシャ神話に登場する音楽の異なる二側面の内容とも重なる。すなわち完全な調和，知性や節度を象徴としたアポロン的要素と恍惚や官能，情熱の感情を象徴としたディオニソス的要素についてである。これらの対照的な二要素は音楽の歴史の中で交互に循環されるだけに留まらない。時代によって二つの要素のどちらかが前面に出るが，その背後，あるいは潜在的にはもう一方の要素が含まれているという意味である。心は対極間のダイナミズムに支えられ一つの全体性を保っているという分析心理学の考えにも通ずる。この内容はひとりの人間の心の本質ともいえるのではないだろうか。

　ここで取り上げてきたグリム童話に登場した女性の歌声は，アポロン的，ミューズがごとく聖なる賢き女神のイメージでもあり，一方ではディオニソス的，セイレーンに表される官能性や生々しさをイメージさせるものでもある。「歌」や「歌うこと」の意味のひとつには，この両者に象徴されるイメージの間で人が葛藤し悩みぬく生身の人間の姿が現わされたとも考えられよう。人があらゆる試練を生き抜いた結果の基に生まれた「歌」は，未来への再生をも意味する知恵を得た「歌」であると考えられる。またこのような対極性は，単に聖と俗に区別できないものだと考えられる。それは，これまで

の生き方や自らの身の置き方を一度根底から揺るがされたとき，みずからの中に存在する対極性といかにして向き合い，悩むことができるのかという点に関わるのではないかと考えられる。

　河合（1995）は「外界と内界，主観と客観など明確に分離した見方に立つ西洋」と述べているが，西洋では，異質な要素が乖離されている意識構造の中で，人が簡単に心の奥底にある異質性を露呈するような「歌」を歌うことができないのも当然かもしれない。西洋の人々にとって，自らが気づかぬような感情や情動に触れる表現を担う「歌」を多用するのは難しかったのだろうかと推察される。そのような迸るような感情は，自分の存在を揺るがすような葛藤になるのかもしれないからだ。「歌」は信仰においても世俗においても人間にとって身近な側面があった。だがグリム童話で描かれたこの場合での「歌」は西洋の人々にとって，心の声に寄り添い，新たな（心の）要素，乖離された（心の）要素のものを求め補わねばならなくなったとき，その一つの方法として「歌」となり立ち現れたと考えられる。

　このように考えていくと，グリム童話における「思い出す歌」の特徴は，西洋の人々にとって単に宗教的な要素と世俗的な要素を結びつける，男女を結びつけるにとどまらず，日常の世界では心のなかで抑え置き去りにしてきた要素のものを再び繋ぎ合わせるための「歌」だと捉えることができよう。強固に区別された心の「外」と「内」の世界の境界を繋ぎ合わせるような性質のものが必要とされたとき，「歌」もその契機となる役割を担うと考えられる。ここで論じている「歌」は歌そのものというより，「歌」に象徴化された「さまざまな要素を繋ぐイメージ」であるという意味であり，内的な作業において一面的なものを補う役割だと考えられる。だが一方，現実に西洋では「オペラ」や「ミュージカル」という形態の中で歌が重要視されている。このようにして「歌」は，現実と内界とを相補的に働いているとも考えることができる。さらに言葉として語るのが難しくとも「声」や「歌」ならば表現できるとの理解もできる。「声」や「歌」により人間の身体や感覚を

通すことで真実を思い出し，内的な（心の）真実に一致しうるという点から「人間の声・歌」は言葉と言葉以前の領域との間に位置しているとも考えられよう。

　以上の内容を踏まえて「何かを思い出すための音・音楽」について以下の点を考える。第1に，登場人物の心における「過去」と「現在」を結ぶ掛け橋になることに関わっていると考えられる。再生という点からは未来へも関わりがある。内界への旅が始まる前に表される「過去」，内界にて試練を経験していることに表される「現在」，そして内界から回帰を果たし，再生し新たな人生に向かっていくことに表される「未来」である。この過去・現在・未来が繋がるということは，人間の「生」の全体的な流れに沿っているとも理解できるのではないだろうか。

　第2に，異質なものとの出会いに深く関わっていると考えられる。例えば音の機能のところで取り上げた「ラプンツェル」で述べると，王子とラプンツェルはそれぞれが試練を生き残ったことで「ひとりの男性・ひとりの女性」として再会を果たしたと考えられる。つまり王子は「こども・少年・青年から大人の男性へ」，ラプンツェルは「こども・少女・乙女から大人の女性へ」と生まれ直していったと考えられる。それは同時に互いがそれぞれの心に存在するであろう内なる異性，異質なものとの出会いを果たしたともいえる。これらの心の要素は，分析心理学において重要な概念だとされるアニマ・アニムスとの出会いであり，その点から「再生」というテーマが大きく関わっている。これは，再生を果たすことで男性と女性が真に出会ったともいえる。この人間の心の発達や成長，変化に関わるアニマ・アニムスの概念については第5章にて改めて論じる。

　第3に，過去を思い出し現在に繋がる点において，「真実」に気づくという意味が考えられる。ただし後述のe. 真実を明らかにするための音・音楽での意味とは少し異なる質である。真実を明らかにするための音・音楽では具体的な状況が語られることによって事実が発覚するという意味合いが考え

られるが，ここでの「真実」とは，以前二人の人間が心と心で結び合った事実という「真実」である。あるいは，実際の異性という意味だけに留まらず，人の心の中に生きる異質性に出会うことは，象徴的に考えれば本来あるべき姿に気づくという意味でもあり，以前の結ばれ方や繋がり方を超えた質のものである。それは男女が心の中の異質性と真摯に向き合うことを通じて，真に男性と女性になり再生を果たすという意味だとも考えられる。

第4に，先に述べたc. 力を使うための音・音楽での「外に向かって作用する力」のイメージとは対照的に，人間のより深い情動や感覚に向かって働く力，つまり「内に向かって作用する力」「内的な力」がイメージできるとも考えられる。

e. 真実を明らかにするための音・音楽

動物の鳴き声・歌声との結びつきがある。明確な音の種類は「動物」による音のみが担っているという点から，人間の意識レベルでは真実を明らかにし難い面があるのではないかと推察できる。「動物」が担い手となった「歌」には，無意識からの回帰，加えてそれぞれの登場人物における再生が果たされたことが示されているとも考えられる。

f. その他・不明

全ての音の種類と結びつきがあり，楽器による導き以外は数が多い。ここでは音がもつ曖昧さや定まりにくさ，流動的な側面が考えられる。

4. グリム童話における音・音楽に纏わる意味

分類とそのまとめから音・音楽について以下の点が考察された。

第1に「音」「音楽」は，物語の登場人物たちにとって「惹かれる体験」「惹きつけられる体験」をもたらし，同時に「収まりをつけてゆく体験」に

も関与している。

　第2に「音」「音楽」は，人間の中に在る意識の領域を超えた，あるいは自然に根づくような深みや人間でいうなればより本能，情動，なまの感情，身体，感覚に関わる領域から人間の意識や意志，高次の精神性に関わる領域までその存在が広がっている。音は人間におけるさまざまな側面を表現し，また表現されうる存在だと考えられる。

　第3に「音」「音楽」は，「意識的な領域・現実世界」か「無意識的な領域・内的現実」のどちらかに在しているのではなくそのどちらの領域をも行き来している。つまり「音」は時空を超えながら質の異なる世界を自由に行き来していると考えられる。そして「音」は時機に合わせたようなタイミングで現れ，流動的に展開し，必要な時には異質な領域を繋ぐ契機ともなる「掛け橋」になり得ることで人の再生に関わるのだと考えられる。

　以上のように第2章ではグリム童話における音と音楽の分類・分析・考察を行った。その結果，描かれた音や音楽には「種類」があり，さらに物語の中で「機能」を担っているという側面が見出された。本章ではグリム童話という西洋の文化を土台に生まれ生き残ったおとぎ話を取りあげた。おとぎ話には，万国に共通したテーマの根底がある一方で，文化による差異もまたあるだろう。そこで次章では，日本の文化に息づいた昔話における音や音楽について検討する。

第3章　日本の昔話における音と音楽

　日本の昔話は多岐にわたるが，ここでは関（1978〜1980）の『日本昔話大成』を基に音や音楽の登場に着目した。その結果，分布を除いて総数825話のうち391話のなかで何らかの「音」や「音楽」が登場していた。そのうち84話にて「音・音楽」の明確な役割，および物語に対する作用が見受けられた。

　第3章では音や音楽が登場した391話の物語を『グリム童話』の分析・考察と同様（宮本，2005）「音の種類」と「音の機能」により分類した。これらの分類，分析，考察を行うことにより，グリム童話に登場した「音の種類や機能」との間に明確な文化差が明らかになった。だが本章では，日本の昔話における音と音楽に着目してその特徴について検討する。音の種類や機能から推察される文化差，およびその比較検討については，第5章にて行うこととする。

1. 音の種類による分類

　音の種類をグリム童話の分類方法を基に，次の6つに分類した。a. 自然の音，b. 動物の鳴き声・歌声，c. 楽器による音，d. 人間の声・歌声，e. 天界・異界の者による音・音楽，f. その他の音である。

a. 自然の音
　水，雨音，葉などである。
　例1．「奈良梨」（一七六）の笹葉や山梨の音。
　例2．「蛇女退治」（一七七）では谷川の水の音。

b. 動物の鳴き声・歌声

小鳥をはじめとする何種類かの鳥，猫や馬や犬などさまざまな動物たちである。あるいは蜂などの虫類まで含まれる。

例１．「奈良梨」（一七六），「瓜子織姫」（一四四）の鳥の歌。

例２．「難題を解いて聟になった話」の蜂の教え。

c. 楽器による音

笛，琴，太鼓などである。

例１．「笛吹聟」（一一九）の地上界で吹く男の笛の音。

例２．「京上り」（二一七）の父が吹く竹笛。

d. 人間の声・歌声

声，泣き声，うなる，歌，詠むなどがある。

例１．「月見草の嫁」（本格新話型八）の男の歌。

例２．「娘の助言」（一二八）の娘の歌。

例３．「天人女房」（一一八）の子どもの子守歌。

例４．「山田白滝」（一三三）では姉の歌と男の返歌，「娘と田螺」（二〇六）の継子の姉と妹の歌詠み。

e. 天界・異界の者による音・音楽

この項目は，日本の昔話における新たな音の種類として付け加えられた。現実界とは異なる世界に生きるものたちが「歌う」などの音を表現する。例えば天狗，オニ，地蔵様などである。グリム童話においても小人が歌うなど人間以外の者による音の担い手での登場はあったが，明確な音の役割が見出されなかったため一つの項として分類されなかった。だが，日本の昔話では天界・異界の者による音の物語への作用が明確であると考えたので新たな音の種類として取り上げた。

例1．「庄屋殿と鬼六マァ」（二六三）の鬼の童子の歌。
例2．「猿神退治」（二五六）の化け物たち自身の歌。

f. その他の音

グリム童話と同様，上記の分類に明確にあてはまらない種類の音を示す。その種類は数多い。

例えば「瓜子織姫」（一四四）の瓜子織姫の機織りの音や「継子の苺拾い」（二一三）の手を叩く音，あるいは「瘤取り」（一九四）の豆が転がる音などが該当する。

以上，音の種類による分類と出現頻度を表4に示す。

表4．音の種類による分類

a. 自然の音(20)	水(3)，雨音(1)，夕立(1)，実が池に(1)，山梨(1)，木(1)，笹葉(1)，山鳴り(2)，風(3)，光(1)，雷(3)
b. 動物の鳴き声・歌声(89)，小鳥前世の小鳥を含むと(109)	鳥(7)，小鳥(1)，ほととぎす(2)，ふくろう(1)，もず鳥(1)，雀(4)，鶏(5)，きじ(2)，からす(6)，うぐいす(1)，雌鳥(1)，とんび(2)，白鳥(←人間の兄1)，猫(7)，馬(4)，犬(4)，狐(2)，熊(1)，兎(1)，猿(5)，牛(3)，ライオン(1)，蛇(4)，鼠(4)，狼(1)，しし(1)，狸(1)，動物(1)，鼠(←人間の両親2)，蛙(4)，みみず(1)，田螺(1)，亀(1)，虻(2)，蜂(2)，蚊(1)，むじな(1)，魚(1)
c. 楽器による音(22)	法螺貝(2)，笛(4)，弓弦(1)，琴(1)，三味線(6)，太鼓(4)，鉦(4)
d. 人間の声・歌声(99)，小鳥前世の人間含むと(114)	声(16)，泣き声(30)，歌(25)，詠み(21)，唱え(4)，うなる(1)，鳥まね(2)
e. 天界・異界の者による音(8)	オニ(2)，天狗(1)，地蔵様(1)，化け物(2)，幽霊(2)
f. その他の音(166)	神々が現れる音，機織，小槌，馬の鈴，おなら，弓矢，豆，桃，金などなど種類多数

註　（　）内は，それぞれの音の種類の数である。

2. 音の機能による分類

　音の機能についてもグリム童話の分類方法を基に，次の6つに分類した。a. 導きのための音・音楽，b. 力を使うための音・音楽，c. 何かを思い出すための音・音楽，d. 真実を明らかにするための音・音楽，e. 何かを得るための音・音楽，f. その他・不明である。

a. 導きのための音・音楽

　音や音楽に導かれることによって物語の展開が起こるという機能である。これらの音や音楽は主としてグリム童話と同様，導入場面に登場する。物語における新たな展開や起点，重要な「時機」が来ることの前触れやそれを予期させるとも理解できる。

　「笛吹聟」（一一九）では，天竺に生きる娘が地上界の青年が吹く笛の音色に惹きつけられ，その男を好きになり結婚するが，そこから新たに展開が始まる。ここでは若者と娘の出会いを導いた。「鉢かづき」（二一〇）では三味に合わせ歌う娘に惚れこんだ息子は惚れ病になってしまい，その後展開が起こる。「月見草の嫁」（本格新話型八）では月見草の花の精が男の歌に聞き惚れ，この物語ではひととき人間と異界の者との交流が芽生える展開を導く。グリム童話と比較すると，日本の昔話では人間と天界・異界の者との出会いとして導かれている点が特徴的であった。

b. 力を使うための音・音楽

　何らかの音が登場人物を惹きつけてその後展開が起こる，あるいは何かを呼び寄せる力を出すなどの機能である。

　例えば「狐女房」（一一六）では夫だった男が笛を吹くと女房だった狐が現れ子に乳を与える。だが狐は永遠に現れ続けたのではなく笛から乳を出すよ

うにして去ってしまい，子どもはその笛で育つ。ここでは笛の音が，人間が生きる世界とは異なる世界の者を呼び寄せる力として描かれている。「木魂聟入」（一〇九）では，娘が木の教えにより声をかけると動かぬ船が動き出す。この描写は自然からの教えの声と女の声により何らかの力が発揮された場面である。

c. 何かを思い出すための音・音楽

一時的に離れ離れになった男女が，以前に出会っていたことを思い出す，気づくという機能である。一時的に離れた男女が再会を果たす流れであることは，グリム童話での機能と同様であるが，歌い手と聞き手の性別役割が異なる。

例えば「桃売り聟」（一二〇）では男性と女性が伊勢で出会うが，女はヒントを残し去ってしまう。男はそのヒントを悟り女を追い求め，桃売りとなり，歌うことで自分の存在を知らせ女が気づく。男は厳しい試練にひとりで立ち向かう方法ではなく，誰かの知恵を得ながら女と再会する。「お銀小銀」（二〇七）は，離れ離れになった父娘が再会を果たす物語である。父の鉦を叩き唱える声を聞いた娘たちは，姿は変わり果てているが，その懐かしい声によって自分たちの父であると気づく。「死んだ娘」（本格新話型三七）では，男の歌により，女は以前自分を助けてくれた男であることに気づき結ばれる。このとき女は助けてくれた男を探しても見つからなかったが，歌により男を見つけ出したのである。再会を果たせたのは，登場人物たちが「言葉」を発し，聞いたのではなく，「歌・声」を発し，聞いた（聞こえた）結果，生じたことである。

以上の内容からグリム童話での「歌」の担い手・受け手の性役割が対照になっていることがわかる。このような文化差については第5章において検討する。

d. 真実を明らかにするための音・音楽

グリム童話と同様に主人公が意地の悪い側面をもつ人物にマイナス状況に陥るよう仕向けられた後，その一連の出来事の真実が明らかになる状況での音・音楽の機能を示す。

例えば「瓜子織姫」(一四四)では鳥の鳴き声により天邪鬼の悪事が告げられ，「京上り」(二一七)では竹で作った笛が継母の悪事を告げ，主人公は自分の深い悲しみと父に会いたい気持ちを表現する。「草津の乳母餅」(二六四)では乳母が子守歌として宿屋の悪事を武士に伝える。「長良の人柱」では最終場面にて鳥の鳴き声を聞いた瞬間，女が真実を語る歌を歌う。ここでは真実を語る音や音楽によって夫と妻が再度結ばれることに関連している。以上のように真実を語る音や音楽は最終場面で登場するという特徴がある。

さらに，この機能では日本の昔話に特有のものとして主人公に向け，何者かにより真実や事実，答えが教えられ難題を克服する状況での音・音楽の機能が加えられた。例えば「難題を解いて聟になった話」では蜂の教えにより，「娘の助言」(一二八)では娘の子守歌により男は難題を解き聟になる。

なお，グリム童話で分類された「惑わしの機能」は見られなかった。

e. 何かを得るための音・音楽

この機能は，以上のカテゴリーの他に日本の昔話で新たに加えられた。歌を「詠む」，あるいは音の表現により何らかを得る，褒美か罰かの決定を得るという機能である。ここで登場する「歌」とは，「節」を持ち詠まれたものである。それは言葉だけではなく，旋律的なものに乗せているという意味において「歌」とした。ここでは老若男女共に歌を詠み，聞き合う。登場人物は姉妹や和尚と小僧，善人と悪人のような対比をなす二者が詠み合うことが多い。

返歌をうまくすることにより男女が結ばれ，あるいは詠みに味のある方に褒美か罰の決定がなされる状況に関して，日本昔話事典 (1977) では「歌の

功徳」という2つのモチーフとして述べられている。そこには「(中略)ひとつは歌が婚姻を成立させる有力な手段であるということ，もうひとつは主人公の優越性を示す知恵の働きの1方法であるということ」，さらに「男女が歌を掛け合い，歌に込められた謎を説き，歌を競い合うなど和歌の伝統」と述べられている。言葉のレヴェルで明らかにならない真実を歌に乗せ，互いにそれを汲み取り理解しようとすることで物語は展開する。

例えば「山田白滝」(一三三)では姉の歌に見事な返歌をした男が聟となり，「娘と田螺」(二〇六)では継子の姉が見事な歌を詠み殿と結ばれる。「地蔵浄土」(一八四)では地蔵様の教えを受けて鶏の鳴きまねをした善人爺は鬼からうまく逃げ銭を得るが，地蔵様の教えを聞く前に声を出した欲深い爺は鬼の歌に笑ってしまい酒の肴にされる。「歌うたい爺」(一八八)などでは，善人爺の鳥は良く歌うが欲深い爺の場合は鳥が変な歌を歌い褒美か罰かの決定がくだされる。「瘤取り」(一九四)では天狗とうまく踊るか否かにより瘤が残るかとってもらえるかが決まる。

f．その他・不明

グリム童話と同様に，以上 a.～e. のカテゴリーに入らないものをその他の機能とした。不明なものは，機能として分類しがたい音や情景や状況を描写した音や音楽として登場するものである。

以上，音の機能の分類とその出現頻度を表5にまとめた。

3．音の種類と機能の結びつきについて

次にグリム童話の分析と同様に，音の種類と機能の結びつきについて(1)「音の種類」と(2)「音の機能」の側面から考察する。音の種類と機能の分析の結果，グリム童話と同様に分類できるものと日本の昔話における独自の音の種類や機能，つまり差異や相違が見出された。この内容をふまえてグリ

表5．音の機能の分類

a. 導きのための音・音楽(21)	自然の音(5)，動物の鳴き声・歌(2)，楽器による音(2)，人間の声・歌声(5)，異界・天界の者の音(1)，その他の音（機織，豆など6）
b. 力を使うための音・音楽(2)	楽器による音(1)，人間の声(1)
c. 何かを思い出すための音・音楽(4)	楽器による音(1)，人間の声・歌声(3)
d. 真実を明らかにするための音・音楽(19)	動物の鳴き声・歌(5)，楽器による音(2)，人間の声・歌声(5)，異界・天界の者の音(3)，その他の音（機織など4）
e. 何かを得るための音・音楽(38)	人間の声・歌声(33)，異界・天界の者の声(3)，動物の鳴き声・歌(2)，
f. その他・不明(307)	自然の音(18)，動物による音（小鳥前世含み89)，楽器の音(13)，人間の音（小鳥前世の人間含み95)，天界・異界の音(22)，その他・不明の音(70)

註1　（　）内は，それぞれの音の種類の数である。
註2　「fのその他・不明」は，a.～e.のように明確に分類はできないが，何らかの機能が考えられるもの，あるいは機能を有しているかどうか不明なものである。
註3　音の登場総数と表中の数が合わないものは，ひとつの物語に複数の音や機能が存在する場合である。

童話と日本の昔話における音の種類・機能の「共通点」と「相違点」の両面を検討する。以下に音の種類と機能の結びつきを表6に示す。

(1) 「音の種類」の側面から

a. 自然の音

　主人公が導かれ物語の展開が起こるという点が重要である。グリム童話と日本の昔話において登場人物が内界へ導かれ何かが始まるパターンは共通している。特別な相違点は見出されていない。よって自然の音は，物語が展開していく契機になることにおいて共通性をもった音源と考えられる。

　ここでは自然に属するものが直接的な意味で音を表す，つまり人間に聞き

表6．音の種類と機能の結びつきについての比率

種類＼機能	導き	惑わし	力	思い出す	真実	得る	その他	合計
グリム童話（音が登場した158話中の％）							
日本昔話（音が登場した391話中の％）							
自然	0.6	—	—	—	—	—	7.0	7.6
	1.3	—	—	—	—	—	4.6	5.9
動物	3.1	—	—	—	—	—	11.4	19.0
	0.5	—	—	—	1.3	0.5	22.8	25.1
楽器	7.6	1.3	3.8	0.6	0.6	—	7.0	20.9
	0.5	—	0.3	1.3	0.5	—	3.3	4.9
人間	2.5	0.6	—	5.7	—	—	13.3	22.8
	1.3	—	0.3	0.8	1.3	8.4	24.3	36.3
異界	—	—	—	—	—	—	0	0
天界	0.3	—	—	—	1.0	1.5	16.4	20.5
他	0.6	—	—	—	1.9	—	27.2	29.7
	1.5	—	—	—	1.0	1.5	16.4	20.5
合計	14.6	1.9	3.8	7.0	7.0	—	66.5	
	5.4	—	0.5	1.0	4.9	10.7	77.0	

取れる意味の音や人間に通ずる言葉を伴った音を発する。それらの音は人間と同じ生命が宿っている者から発せられるように見受けられ，人間に授けられている音（歌）である。それらの声・音の言葉を人間側が聞き取れるか聞き取れないかによって，その結果が変わってくる。

b．動物の鳴き声・歌声

登場人物が導かれて物語の展開が起こる，泣いている人間が鳴く鳥になる，仲間を呼び寄せる，褒美か罰が決定される，真実が明らかにされるなど

がある。動物の音によって登場人物が内界へ導かれる，および人間の意識レヴェルでは語り得なかった真実を明らかにできるパターンはグリム童話と共通している。

　この内容に関連して関（1977）は「昔話の主たる内容は人間と超自然的なもの，動物との相互関係にある，動物は自然種としてだけでなく『超自然的なもの』として語られる」と述べている。日本の昔話に登場する動物たちがグリム童話での動物より多くの機能を担っていることから，日本の昔話では，動物の存在の在り方や人間との繋がり方の幅の広さが考えられる。内界へ導かれることや人間の意識レヴェルでは語りえなかった真実を動物ならば明らかにできるという内容はグリム童話と共通している。自然の音と同様，動物による音が人間に授けられており，人間がその音をどう受け取り生かしていくかという側面が重要であると考えられる。

c. 楽器による音

　楽器の音に導かれて物語の展開が起こる，何かを呼び寄せる力を発揮する，登場人物が何かを思い出し真実に気づく，あるいは真実が明らかにされるなどがある。

　楽器の音によって主人公が相手（もうひとりの主人公）に心惹かれ，出会いが起こり展開が生じるなどの導き，および何かを引き寄せる力，例えば異界の者を引き寄せるような内容の力はグリム童話と共通している。楽器の音色と天界・異界の繋がりは，人間と人間以外の世界の者との出会いを導く「器」として，楽器そのものの移行的，霊的な意味づけとの関わりが考えられる。

　一方，相違点は4点みられる。第1に楽器の音の機能が担う幅の広さは，グリム童話と同様だが，楽器の登場比率では日本の昔話での少なさがうかがえる。

　第2にグリム童話では楽器を鳴らすのは主として男性だったが，日本の昔

話では女性も琴や三味線などの楽器を鳴らす。

　第3に音の担い手の性別は同様でも聞き手が異なる点である。例えばグリム童話では，男性の笛の音が同性の王に聞こえ，日本の昔話では男性の笛の音が天界の女性，すなわち現実とは異なる世界を生きる女性の耳に留まる。

　第4にグリム童話には，何かを破壊するような激しく外に向かって発せられる力が見受けられた点である。このような相違点から，日本の昔話における楽器は道具的なものではなく楽器そのものに意味があると考えられた。民俗学的な視点においても歌や楽器そのものについて言及されることは多い。例えば笛や琴は楽器として作り出されたものではなく神霊の容器から発達したといわれる（鈴木，1955），また「歌の力は鎮魂にある」（折口，1955），「神隠しにあった人を鉦や太鼓などの音をもって探すことの意味」（笹本，2001）など数々の研究がある。このような点からも，日本の昔話では，グリム童話での楽器の重要な役割である「人間の力を増強させる手段」とは対照的であり，楽器そのものに重要な位置づけがあり，また人間の世界を超えて「魂」と関わりそれらの内容を豊かにさせる器として機能しているのではないかと考えられた。

d. 人間の声・歌声

　人間の声や歌に導かれ展開が起こる，何らかの力を出す，何かを思い出し真実に気づく，真実が明らかにされるなどの役割が見受けられる。さらに，歌を「詠む」「詠み合う」という日本独自と考えられる表現形態が登場する。この「詠む」とは，先にも述べたように言葉に節をつける，あるいは声に出すとき自然に抑揚や節がつくものである。よって言葉優位であるとも考えられるが，言葉に節がつき相手へ届けられるとき，口承性だけではなく，そこに音楽性を有していると考えることもできる。その意味において，本論では「詠む」も「人間の声・歌」としての「音」「音楽」だと捉える。また，「人間の声」によって出会いが起こり展開が導かれること，過去の重要

な出来事，すなわち主として男女が将来を約束していた真実を思い出し気づくというパターンはグリム童話と共通している。

一方，相違点は2点ある。第1に音の担い手と聞き手の性別が異なる点である。例えばグリム童話では多くの場合，声を発するのは女性・聞き手は男性だったのに対し，日本の昔話では老若男女が音を発し，聞き手は男性に限らない点である。これらの内容から日本の昔話では人間が直接音を表現することが身近であったのではないだろうか，あるいはどちらの性が歌うかより「歌うこと」「声を発すること」に意味があり，聞き手も限定されていないのではないかと考えられる。

第2に，グリム童話での人間の声や歌声による音は導きや思い出す機能が主だったのに対し，日本の昔話では幅広い機能を担っているという点である。グリム童話では動物が真実を語り得たのに対し，日本の昔話では人間であっても女性や子ども，異界の者であれば真実を明らかにすることができる。

また幅広い機能を担うことに関連して，日本の昔話では「何かを得る」という新しい機能が加わり「詠む」という表現形態が見出された。以上の内容は登場比率の差にも反映されている。このような幅の広い機能の担うというのは，日本人の歌に対する捉え方も多様だと推察される。それは日本人に根付く背景や文化に関わるといえるかもしれない。そこで西洋人と日本人にとっての「歌」に関連する内容やその捉え方についてとりあげる。

西洋においては意識して音楽を創る，つまりは音楽に目的や役割を持たせた時代以降，音楽と宗教は密接した関係であった。そこには神に祈りを捧げるための歌があった。ギリシャ時代ではアポロンとディオニソスの祭典にて祈りのための歌，一方ではホメロスやヘシオドスの叙事詩を朗読する際につけられた節（音）があげられる。キリスト教時代では声楽を重んじ，音楽理論も厳密であり教会音楽の純粋性が追求された。一方では世俗音楽と呼ばれ，人間的で，それは恋愛歌に表されるような抒情的な内容の歌，すなわち

教会音楽では表現できなかったものを歌（音楽）に託した。このように西洋音楽では音楽が担う聖と俗の役割が明確であった。この聖と俗が影響を与え合いながらも，明確な区別をもった役割は，その後も西洋音楽の歴史や発展の中で大きなテーマとして存在してきたといえるだろう。

では日本における歌の捉え方について述べる。例えば「うたがひ」「うたた」などと同根，自分の気持ちをまっすぐに表現する意（大野他，1990），祈りのときの特殊な発声を指す「うたき」（叫き）と関係する（白川，1996），「歌う」と「訴ふ」の意味場を重ね合わせて考えていて，元来「うたふ」という形で「うったへ」たのだ（折口，1976），一種の恍惚状態，「うた状態」とでもいうべきものに「うた」の原始の姿がある（藤井他，1988），古代の日本人は，ものを言うことは言われていることをひき起こす…という考えを抱いていた，言葉にはそのような力が宿っているという「言霊（ことだま）」の思想である（池上，1992）というような捉え方がある。

以上のように日本人は「歌」について多様な捉え方をし，生活のさまざまな場面に活かしてきた背景や文化があると考えられる。あるいは人と自然とが一体化した状態，日常と内界が明確に分け隔てられた領域ではなかったとも考えられよう。以上のさまざまな捉え方は，無意識そのものを表す歌，無意識と意識とが入り混じる歌，意識に近づいている歌など多様な歌の機能，歌の捉え方をあらわしている。日本においても祈りを捧げるための宗教色の濃い歌は存在するが，宗教的なものも人間らしいものも厳然たる区別はないといえるだろう。

e. 天界・異界の者による音

天界・異界の者の発する音・音楽が物語への明確な作用をもった。それは人間に解決の糸口や答えを与え真実を伝えるという点である。物語のなかで，このような異界の者と対峙する際には，それらの者の声を聞くことにより接点が見出されるのではないかと考えられる。それは，人間が異界の者と

接する場所に身を置く体験をして初めて交流は可能になると理解できる。

「天界・異界の音」は日本の昔話において新たな音の種類として加えた音源である。先にも述べたように，日本の昔話ではこの者たちの音による物語への明確な影響が見出された。そこで再度グリム童話に登場する異界の者たちについて見直した結果，グリム童話でも巨人や小人など登場するが物語における明確な音による作用は浮き彫りにならなかった。そこでこの分類は日本の昔話における新たな音の種類として加えた。これらの世界に生きる者は人間の世界と離れて存在する側面と共存する可能性をもつ側面があることも考えられた。そして天界・異界を生きる者は人間を幸せに導くが，ときに厳しく残酷な結果をまねくこともある。これは，その世界の者たちと人間の出会い方や付き合い方，必要なときには逃げるという判断の能力が求められていると考えられる。

また天界・異界を生きる者たちは，人間の意識レベルで明らかにできない内容を語る役割も担っていた点も重要だと考えられる。

(2) 「音の機能」の側面から

音の種類と機能は基本的には，独立した意味を有している。しかし音の機能を考える際，自ずと種類（音源）の理解も含まれる。よって(1)の音の種類の側面からの考察と重複する内容もある。

a. 導きのための音・音楽

登場人物たちが内界・無意識の世界に導かれること，音に聞き惚れ出会いが起こり展開が生じる内容は，グリム童話と共通の機能である。

一方相違点は3つ見出された。第1に導く機能の音源がグリム童話では「楽器」が主だったが，日本の昔話では「自然」と「人間」による音が中心である。

第2に音の担い手と聞き手の性別が異なる点である。「導き」の場合，グ

リム童話において男性の音の表現手段は楽器が主だが，日本の昔話では男性も歌を歌う。聞き手は，グリム童話では主として男性が聞き手になるが，日本の昔話では天界の女性が聞き手となることが多い。つまりグリム童話では現実世界の者同士の出会いが主だが，日本の昔話では人間と天界・異界の者，すなわち一見異なる世界を生きる者たちが出会うことを導くという点である。

第3にグリム童話では導きが主機能であるのに対し，日本の昔話では導きと他の機能と大きな差はなく，導きが主機能ではない点である。グリム童話では登場人物が内界へ「入っていく」という始まりを強調するかのように音の表現は「導く」役割が大きかったのではないだろうか。一方，日本の昔話では内界に入っていくことがそれほど日常とかけ離れてはいない側面もあるため，導きと他の機能との大きな相違はなかったのではないかと考えられる。よって無意識の世界に入ることが明確になる導きが主機能にならなかったとも考えられる。

またグリム童話では主人公が導かれた後，内界にて長期の厳しい試練を通り抜けたのに対し，日本では主人公が何らかの者からの知恵を得るなどして試練をこなしていくというそれぞれの物語における特徴が反映されているとも考えられる。このような意識と無意識の世界の捉え方，加えて無意識の世界での経験の差異については，「自己実現」あるいは「個性化」のプロセスの差異として考えることもできる。人がこれまでの生き方と次元が異なる変容を遂げ，同時に新たな出発を意味する成長と考えることができる「自己実現」の過程については第5章にて検討する。

なお「惑わす音・音楽」の機能は，日本の昔話においては明確に見出されなかった。よってこの機能の役割は，両物語における機能の差異であると捉えた。

b．力を使うための音・音楽

楽器の音色によって何者かを惹きつける，天界や異界の者を呼び寄せ交流

が生まれる内容はグリム童話と共通している。

　一方，相違点は3つある。第1にグリム童話では主として「楽器による力」が描かれる場合が多かったのに対し，日本の昔話では人間の声も物を動かすなどの力を発揮する。また鈴木（1955）は竹には神霊が宿るとし，笛が鎮魂儀礼に深く関わる一側面をもつことを述べている。この点について日本では元来，人の声や楽器に霊的な力が宿るという思想が根づいていたこととも関わりがあろう。

　第2にグリム童話では何かを破壊するようなパワーをもち，この点は「人工的な力の表現」という独自の特徴である。グリム童話で登場した楽器の人工性や意識性，人間の力を増幅させるような道具的機能は日本の昔話には見られなかった。日本の昔話では，楽器そのものに意味があると示唆された。

　第3に「c. 楽器による音」でも述べたように，音の聞き手すなわち惹きつけられる者の性別が対照的な点がある。またグリム童話では楽器を鳴らすのは男性が多かったが，女性も楽器を鳴らすことができるのも日本の昔話における特徴である。

c. 何かを思い出すための音・音楽

　音の種類でいうと「人間の歌声や声」を伴う表現形態で登場する。声や歌声により一時的に離れ離れになった男女が再会を果たす，過去の重要な出来事を思い出す，主として男女が将来を誓っていた過去の事実を思い出し真実に気づくという内容は，この機能におけるグリム童話との共通性である。「歌」という表現によって離れていた身体と心が瞬間にして結ばれ直したと考えられる。このような人間の心の中の内容において，離れてしまったものや乖離されたものを再び繋ぎなおすという機能は，「歌」や「歌うこと」そのものに秘められた力のうちのひとつだと推察される。

　一方，相違点は2つある。第1に「d. 人間の声・歌声」でも述べているように音の担い手と聞き手についてである。グリム童話では声を発するのは

女性・聞き手が男性であるのに対し，日本の昔話では声を発するのは老若男女であり，その聞き手が女性，および天界の女性である点が特徴である。また日本の昔話の場合，男性が歌い女性が過去におけるその男性との出会いに気づく。さらに特徴的な点は，女性たちはグリム童話で登場した男性のように過去を忘れているのではなく，約束を交わした男性を待つ，探し求める側面があったということである。

　第2に日本の昔話では「思い出す」ことが人の声における主機能ではない点である。グリム童話では試練の後，登場人物が再生を果たすときに「何かを思い出す」傾向があったのに対し，日本の昔話では何者からかの知恵や援助を得ながら克服していくといった点から，主人公に極めて厳しい試練というものが経験されていなかったこととも関係していると考えられよう。あるいは，日本の昔話では葛藤や試練が明確に描写されていないと考えられるかもしれない。

d. 真実を明らかにするための音・音楽

　真実が明らかにされる役割を「鳥」が担っている点はグリム童話と同様である。つまり鳥・鳥になった人間によって真実が語られる，人間の意識レベルで語るのが難しくても動物ならば真実を明らかにできるという内容がこの機能における共通性である。

　「鳥」は象徴的には「魂」を表し空を自由に飛べるという視点から，突然にひらめく考えや思考の流れ，空想などとも結びつくとの河合（1977）の考察はここでもあてはまり，鳥の歌はものごとの真実が気づかれる瞬間を告げるために「時機」を待って現われたと考えられる。意識的には語れなかったことが，ある超自然的な媒介をもつならば語りえたことを表しているのではないだろうか。

　一方，相違点としては日本の昔話では鳥だけではなく女性や子どもたち，異界の者も歌に乗せて真実を語ることが可能な点である。

主人公に大事な話，秘密の話を教え救う一端を担うのは虫や動物たちであり，人間と異なる生きものであった。女性は人間だが子守歌によって手を差し伸べる。「草津の乳母餅」（二六四）での子守歌の内容から考えても，真実を言葉で伝えることは直接的で難しくても「歌」に乗せるのであれば伝えることが可能だと理解できる。ここで登場した「歌」は，人間の意識的な「言葉」ではなく言葉以前の「言葉」であったと言える。動物も人間も，あるいは天界・異界に生きる者も真実を明らかにできる。この点から，日本の昔話では，人間と人間以外の生き物とのあいだが明確に分けられていない側面もあると考えられる。また人間が真実を明らかにするときは「歌」に乗せているという内容も興味深い。やはりはっきりとした意識レベルの言葉で真実を語るのが難しくとも「歌」という表現でなら可能であることがうかがえる。

e. 何かを得るための音・音楽

この機能は日本の昔話において明確に見出された機能である。これまでに述べた「思い出すため」「何かを得るため」の機能では，「歌うこと」や「歌」自体に意味があると考えられる。また，これらの機能では男女の愛情関係や婚姻関係に関わる場面が見受けられる。

折口（1955）は万葉集を素材に鎮魂の方法のひとつである「歌」について論及している。恋に関わる「こひ歌」など古代の歌は，鎮魂的な意味のものが色々に分かれたに過ぎず，「魂ごひ」の「こひ」だと述べられている。さらに「こひ」というのは，愛している人の魂を自分の身中に招くことであり，愛とは魂を交換する事だとある。結果として折口は，こひ―魂ごひ―を通じて見ると死者の為の魂呼ひも，生人のする愛も相通ずるひとつの信仰を底に持っていたのであると論及している。すなわち「歌」を媒介として男女が真に結ばれるという事実には，人間の魂とも言えるような深い内容（心の要素）との繋がりが築かれ，もしくは回復されるまでのことを意味しているのだと理解できる。

また日本の昔話に登場した「何かを得る」機能において見出された歌が「詠む」「詠み合う」という表現形態の場合は，歌詠みの巧い者が何かを得る，あるいは歌を詠むことで真実を語るなどの筋である。
　さてこのとき詠まれる歌には定型があり，その「枠」すなわち「器」のなかで歌い手のメッセージや心は表現される。「うた」は定型性と即興性の両極を併せ持つという川田（2004）の指摘と関連する。このような「枠」に守られるからこそ自由な表現ができ，いろいろな領域の者同士が交流できる。それは互いの思いを伝え合う，互いの世界を交感できるとも考えられる。この歌詠みは日本の和歌伝統の名残があるのは当然でもあるが，「詠む歌」を媒介に他者との心の間を行き来し，深いレベルで心の部分を交換する機能とも考えられるのではなかろうか。それは「詠み手（歌い手）と聞き手（聴き手）」それぞれの世界が交感（交換）されるための表現手法としての「歌」である。
　ここから考えると「歌を詠むこと・歌う」ことは，人間の表層的な感情表現を超えた側面をもっているのではないだろうか。言葉では言い尽くせない心の現われ，超越した経験に関わるような感情の動きとも考えられる。この点はグリム童話での歌にもいえる。ただ日本の昔話のなかで人間の声の登場が多いことから，日本の昔話に登場する「歌」は，人間の心の表層的な側面から深層的な側面まで声による表現の幅の広さが強調されていると考えられる。また，この点とも関連するが西村（1965）は「歌は魂の容れ物であり，魂を運搬する道具」と述べている。以上の内容から，日本の昔話における「歌」，ひいては「音」におけるイメージとしては幅広い領域を行き来するという性質が考えられる。

4．日本の昔話における音と音楽に纏わる意味

　これまでの分類のまとめとして，日本の昔話における音・音楽について独

自の特徴を整理しておく。

　日本の昔話に特徴的な点としては，音の種類においては新たに「天界・異界の者による音」が加わった。音の機能においては「惑わしの機能」が見出されず，新たに「何かを得るための機能」が見出された。

　日本の昔話における音や音楽の独自の特徴は，第1に日本の昔話では「人間の声・歌声」が幅広い担い手と機能によって登場する点である。グリム童話では声を発するのは女性が主であったのに対し，日本の昔話では声を発する（歌う）ことが老若男女によって表現されていた。人間のなまの声が重要視され，意識的・無意識的にも幅広い声の活用が考えられる。この点から日本の昔話では歌自体や歌うことに関わる重要性が示唆された。それは，日本人にとって「歌」に込められた意味（厳密に言えば「声」ともいえる）は，表層的な感情表現に留まらず人間の生死をも超えた内容へ繋がっていると考えられた。

　第2に歌うことに限らず，音の担い手において性役割が明確でないことが特徴的であった。男性が声を発したのと同様，女性が楽器を鳴らすことも可能であった。つまりグリム童話とは対照的に男女の役割や力関係が明確に区別されていないのが特徴である。ただ女性が物語の展開を導き，ときに男性を助けることなどから女性の包容力，積極性や底力を発揮する側面が考えられた。

　第3に日本の昔話では男女のはたらきの区別が曖昧であるのと同様に，人間と人間以外の者の働きの区別も曖昧であった。つまり人間と人間以外の世界を生きる者と交流があることや人間も真実を明らかにできるという特徴があった。日本の昔話における歌の特徴としては，聖なるもの・霊的なものと生身の人間らしさなどすべてともいえることがらが織り交ざり合いながら互いが共存していく上で，ひとつの表現方法としての「歌」があるのだと考えられる。よって日本人は無意識的な領域へ入っていくことに容易である側面も見出された。そしてこのことは，人と自然とが一体化した状態でもあり，

日常の現実世界と意識が及ばないような心の世界（内界）が明確に分け隔てられた領域ではなかったとも考えられるのではなかろうか。

　これらの特徴はグリム童話における登場人物，あるいは西洋人とは異なる「意識・無意識の世界」の捉え方，特に内界（無意識）での人間の心の発達における課題の克服の仕方，経験のされ方における顕著な差異として考えることができる。この差異は，西洋人と日本人の自己実現（個性化），すなわち人がこれまでの自分の生き方やその捉え方に深い変容を遂げ，新たに生き直す契機を得て発達成長するプロセスの差異でもある。この自己実現（個性化）については第5章にて考察する。

　以上のように日本の昔話に登場する「音」や「音楽」を分析・考察することにより，グリム童話における「音」や「音楽」との共通性や相違点が見出された。続く第4章では音と音楽のなかでも「歌」「歌うこと」に着目し，それらの共通性や相違点をさらに詳細にみていくことでその特徴を考察し，さらに心理臨床の場における「語り」や「言葉」との関連性について検討していきたい。第5章では両物語における「歌」の特徴や相違点を基に，比較文化的な視点を取り入れ西洋人と日本人にとっての「歌」や「歌うこと」についての検討を試みたい。

第4章　グリム童話と日本の昔話における歌の共通性

　これまでグリム童話と日本の昔話に登場した「音」「音楽」について分類・分析・考察をしてきた。それらの検討を通して，両物語における「音」や「音楽」には「共通性と相違点（差異）」があることが見出された。これまでに得たいくつかの重要な考察点を基に，第4章と第5章では音や音楽の中でも「人間の声・歌声」に焦点をあてることによって，「歌」「歌うこと」について考察し，心理臨床の場で語られる言葉との関連性について検討したい。本章では歌の共通性に着目することを通して西洋と日本という文化差を超えて考えられる「歌」や「歌うこと」の本質や特徴，さらには，心理臨床の場で語られる言葉との関連から人間の心の中に存在する「歌い手と聴き手」という視点の可能性について検討する。続く第5章では「歌」の相違点に着目することを通して比較文化的な視点を取り入れ，西洋と日本におけるそれぞれの「歌」への意味づけを明らかにすることにより，心理臨床における語りの相違，ひいては自己実現（個性化）という心の発達や成長についての独自性を検討したい。

　なお第4章と第5章では「歌」における共通性と相違点をより明確にするため同じ素材の物語を用いる。グリム童話は「たいこたたき」「白鳥王子」，日本昔話は「桃売爺」「死んだ娘」を取り上げる。以下に，物語の概要を記載する。

　『たいこたたき』（KHM193）
　　たいこたたきの男がガラス山の上に封じ込められた姫と出会う場面から始まる。ガラス山に戻った王女を助けるために，たいこたたきは旅に出る。たいこたたきは，旅の途中で大入道や二人の男たちとのやりとりを乗り越えガラス山まで辿り着き，その後，一軒の家に泊めてもらうことになる。その家のおばあさんから3回難

題を言いつけられるが，3度とも魔法の指輪をもった一人の娘から助けられる。3度目にたいこたたきがおばあさんを倒した瞬間，助けてくれた娘は探していた王女となっていた。

　たいこたたきと王女は二人で暮らし始めようとするが，彼はそのことを両親に知らせるために姫を待たせて行ってしまう。このとき王女としてはならない約束をするのだが，たいこたたきはうっかりその約束を破ってしまい彼女とのことを忘れてしまう。一方，王女は，たいこたたきが約束を破ったことで自分のことを忘れたのだと気づき，悲しみのあまり森の中の一軒家に閉じこもってしまう。あるとき王女にたいこたたき（王子）が他の女性と結婚するという話が耳に入り，姫は彼の心を取り戻せるかどうかやるだけはやってみようと決意する。第一日目はお日さまの衣裳と引き換えに王子の寝間の戸の外に居ることを許してもらう。そして姫は，

　「たいこたたきや，たいこたたき，あたしの言うこと，よくおきき！
　あたしをすっかり忘れたの？
　ガラス山では，あたしのそばにいたではないの？
　魔女のたたれる玉の緒を，あたしがつないであげたじゃないの？
　操をたてると，あたしにお手々をだしたじゃないの？
　たいこたたきや，たいこたたき，あたしの言うこと，よくおきき！」

と呼びかけるが，偽の王女に眠り薬を飲まされた王子は目が覚めない。二日目の夜は，お月さまのような銀の衣裳と引き換えに，姫は同じようにして呼びかけるが彼には聞こえない。三日目の晩は，お星さまのようにきらきら光る衣裳と引き換えに王子の寝間の戸の外に居ることを許される。この晩，娘の嘆きを聞いた使いの者が王子には眠り薬を飲まされていることを告げる。そして王子は眠り薬を飲まないでいた。すると3度目の王女の歌は王子の耳に届いた。その瞬間，王子は自分が忘れてしまっていた昔のことを全て思いだす。そして王女とたいこたたき（王子）の本当の結婚が行われる。

『白鳥王子』
　女の子と魔法をかけられ白鳥になっている王子が出会う場面から始まる。白鳥王子は，糸だまをほごせば自分は救い出され，女の子をお嫁さんにするという。女の子は糸をほごすのだが途中でからたちにひっかかり糸が切れてしまい白鳥王子を見

第4章 グリム童話と日本の昔話における歌の共通性 59

失ってしまう。
　女の子はがっかりして泣きだし，真夜中の森の中にいたため気が気でなく駆け出していく。そして3軒の家の3人のおばあさんと出会い，人喰い鬼から助けられ3つのものが与えられる。3人のおばあさんはそれぞれ，太陽，月，星という名であり，女の子に黄金の糸くりぐるま，黄金の紡錘，黄金の糸まきぐるまが与える。そして女の子は，王子がいるガラス山の上に辿り着き，3人目のおばあさんからの助言通りに竜とライオンを手なずけることができる。そして黄金の糸くりぐるま，紡錘，糸まきぐるまと引き換えに，王子のお寝間のお次室で過ごすことが許される。女の子は，

　　「白鳥王さま，わすれちゃいやよ，
　　ユーリアは，あなたのいいなずけ，
　　お日さまも，お月も，星も，命の関もとおりぬけ，
　　獅子も，みずちもおそれぬユーリア。
　　白鳥王さま，これでもお目がさめないの？」

と歌う。だが，偽のおきさきに眠り薬を飲まされている王子は目が覚めない。次の夜も同じであったが，三日目に女の子はだまされていることに気づき，いつもと違う飲み物を王さまにさしあげるようご家来たちに頼む。そして3晩目も歌を歌う。すると，女の子の声が王子に聴こえ，目を覚ます。王子はこの声の主を確信し，本当の結婚が果たされる。

『桃売り聟』（一二〇 A）
　伊勢参りに来ていた娘と若だんなが出会う場面から始まる。若だんなは娘に惹かれたが，女は名を告げぬまま故郷へ帰る。だが娘は白紙の上に針と糸を置くことで自分の名や居所を示すヒントを残していた。娘は播磨の国の紙屋のお譲さんだとわかる。若だんなは娘の元へ辿り着くが直接会うことができないので，小間物屋からの助言によりかんざし売りになったが娘の顔が見えただけで会うことができない。そこで再度，小間物屋からの知恵を得て桃売りとなり娘のもとへ向かう。すると乳母から娘の間の縁側まで通され，若だんなは，

　　一つとせえ，一夜寝たも袖枕
　　二つとせえ，二重屏風のその中で，きみの心は冴えもせね

三つとせえ，見てさえ心は冴えもせぬ
　　四つとせ，夜ごと忘れる暇もない
　　五つとせ，いつやら君に会うだやら
　　六つとせ，六日の月は冴えるもの，きみの心は冴えりゃせぬ
　　七つとせ，なんなく住むも泣き暮らす
　　八つとせ，やかたの原で泣くしかは，妻が恋しくと泣くじゃもの
　　九つとせ，ここで裁縫見習え
　　十とせ，奥におれども南小風に誘われて，来たかと思えばなつかしや，ひとつ入れましょう。

と歌（数えうたのような歌）う。すると娘は中で「えへんえへん」と笑った。そして乳母が仲立ちをして初めて顔合わせをする。

『死んだ娘』（三七）
ある男が，墓の中で生きていた大家の娘を助け出す場面から始まる。娘は助けてくれた男を探したが見つからず，遠方へ嫁へ行くため篭に乗せられており，娘を助けた男は駕籠担ぎとして雇われていた。浦原から阿伝の浜のようなところまで来たとき，男は，

　　墓からすび立ち 石のすり屑 のましてよいよいさ

と，いとを歌った。その歌を聴いた娘が駕籠の中からいま一度いとをしてくれというので，男はまた同じように歌った。娘はその声に気づき，男の妻になりたいと頼み，ふたりは夫婦となる。

1. グリム童話と日本の昔話における多様な「音」
　　——共通性と相違点——

　本研究の方法は『グリム童話』と『日本の昔話』を素材とし，物語に登場する「音」を全て取り上げ分類，分析，考察を行なった。その結果，物語に音が登場する場合，さまざまな音源はいくつかの「種類」に分けられるこ

第4章 グリム童話と日本の昔話における歌の共通性　61

と，またそれらの音の物語に対する作用や明確な役割から「機能」による分類が考えられた。

　例えば，グリム童話「兄と妹」では泉の水の流れる「自然の音（種類）」により主人公たちは森の奥へ「導かれ（機能）」物語が展開する。あるいは，日本の昔話「瓜子織姫」では「鳥の歌（種類）」により「真実が明かされる（機能）」などがある。このように音の種類としては「自然」「動物」「楽器」「人間」「異界（日本の昔話独自の音）」「その他」に分類された。音の機能としては「導き」「惑わし（グリム童話独自の機能）」「力」「何かを思い出す」「真実を明らかにする」「何かを得る（日本の昔話独自の機能）」「その他」に分類された。

　この分類方法に基づき，グリム童話と日本の昔話それぞれの「音」について検討した結果，物語における「音」の表現には「共通性」と「相違点」があることが示唆された。なかでも代表的な内容として「人間の声・歌における共通性と相違点」，「楽器そのものがもつ意味の共通性と力の質における相違点」があげられた。この2点に関連して「音の担い手（表現者）・受け手（聴き手）に関する相違点」などが見出された。

　例えば両物語において，人の声や歌により出会いが導かれ展開が起こることや重要な約束が思い出されることは共通してみられる。だがグリム童話では声を発するのは女性・聴き手は男性だったのに対し，日本の昔話では老若男女が声を発し聴き手は男性に限らず幅広いというように，音を表現する者と聴き手の性別が異なるなどの相違点が考えられた。

　物語を例にあげると，グリム童話「白鳥王子」や日本の昔話「桃売り聟」では人間の歌により過去の真実が思い出され，あるいは気づくことで再会が果たされるという結果が導かれるのは同じだが，「白鳥王子」での歌い手は女性・聴き手が男性，一方「桃売り聟」での歌い手は男性・聴き手が女性というように「歌い手・聴き手」が対照的である。このような音における共通性と相違点は「人の声や歌」だけではなく「楽器」の音にもみられた。次

に,「人の声や歌」に焦点をあて「歌」や「歌うこと」についての意味や特徴,さらに「歌」と心理臨床において語られる「言葉」との関連について検討していきたい。

2. 歌の「繋ぐ」機能について

(1)「繋ぐ」機能にみられる共通性

　グリム童話と日本の昔話における歌の機能の中において共通の機能は「導き」「真実を明らかにする」「繋ぐ」[1]がある。このうち他の二つは共通性と共に個別的要素も含まれているが,「繋ぐ」機能だけは共通性のみで成立していた。この機能の共通性とは「人と人の間で行なわれている」,物語の最終場面に登場する「歌」によって「思い出す」,「気づく」ことでばらばらになったもの（心の要素）が繋がる点である。そしてそのことにより本来の自分,その人自身の全体性（もしくはその一部）を取り戻すと考えられた。

　この特徴は,心理臨床の場における言葉,語りの特徴と通ずるものがある。それは第1に「人と人の間で声のやりとりが行なわれている」ということ,第2にその過程を通して「本来の自分を取り戻す,全体性（もしくはその一部）を回復する」ということである。さらに,その作業の中では,後述するが「語られる言葉」が通常の言葉としての機能ではなく,「歌われる言葉」となる瞬間があるように考えられることなどである。この点からみればおとぎ話の中で重要な「何かを繋ぐ歌」が生まれる瞬間に生じているものを検討することは,心理臨床における言葉を考える上でも意味があるのではないかと推察される。そこで本節では,おとぎ話における「繋ぐ歌」に着目す

---

[1] 宮本（2005a, 2005b）では「思い出す」機能としたが,厳密にみるとこの分類の中に「気づく」機能も含まれていた。何か重要なことを思い出す,気づく結果,心の中でばらばらになった内容を再び繋ぎなおすという意味が考えられた。そのため,両者の上位概念として「繋ぐ」機能に変更した。

ることによって，心理臨床の場で語られる言葉との関連について考察したい。

この繋ぐという機能をより詳細にみると「時間」「空間」「異質なもの」を繋ぐという三つの側面があると考えられた。そこで次に，この三つの側面にそって検討する。

(2) 「時間」を繋ぐ

グリム童話ではいくつかの物語で「何かを思い出す」機能としての「歌」が登場する。そのほとんどは女性による三度目の歌によって男性が過去を思い出し真実に目覚めるという内容である。ここでは『たいこたたき』を例としてあげる。

この物語は大きく二つの場面にわけて考えることができる。場面①はたいこたたきと王女の出会い，たいこたたきがガラス山の上に封じ込められている王女を救い出す。場面②は二人の男女の再会への道が描かれる。たいこたたきは姫を待たせて結婚の報告のため両親のもとへ向かう。だが王女との約束を忘れ，してはいけないことをしてしまい王女のことをすっかり忘れてしまう。悲しみにくれる王女だったが何とかたいこたたきの心を取り戻そうと決意する。1回目，2回目の夜は，眠り薬を飲まされているたいこたたきは寝込んでいるが，3日目の夜は使いの者の助言により眠り薬を飲まなかった。そうして3度目の王女の歌う声は遂にたいこたたきの耳に届く。その後，二人は本当の結婚を果たすという物語である。

この物語では王女とたいこたたきとの破られた約束，忘れられた関係，つまり「思い出」に表わされる過去の時間や関係を「歌」が呼び覚ました。物語では思い出す瞬間について次のように描写されている。たいこたたきには「…にわかに昔のことが思い出された」，同様の状況は他のグリム童話にもみられる。例えば「恋人ローランド」でのローランドには「…なにもかもいっしょくたに，いきなりローランドの心に戻ってきた」，「なきながらぴょんぴ

ょん跳ぶひばり」での王子には「…おとこから跳びおきた」というように，「歌（声の場合もある）」によってもたらされた劇的な瞬間が印象強く表現されている。「歌」が語られると同時に記憶から全ての過去の真実が引き出されていく。内的にも眠りから目覚めたような感覚が示されている。

　また「白鳥王子」においてはユーリアの歌が王子に届いた瞬間について「この声がきこえると，王さまは目をさましました。そしてその声のぬしがだれだかはっきりわかった」と描写されている。このことは，王さまが外的にも内的にもまさに目を覚ましたと捉えることができる。さらに「この声のぬしがはっきりわかった」と描写されているのは，王の心の中で過去の真実や，途切れた心の中の真実がしっかりと結びついたのではないかと考えられる。同時にそれらの真実は未来へと再生してゆく「瞬間」が表現されているとも解釈できる。

　ところでこうした「瞬間」は簡単には訪れない。ただ歌を歌えばいいというのではなく，さまざまな経験を重ねてようやく思い出される場面が導かれる。つまり失敗と挑戦の繰り返しの中で準備がなされたときにこそ「時機」が来ると考えられる。「なきながらぴょんぴょん跳ぶひばり」に登場する王子は「こんどこそ，ほんとうに救いだされたぞ…ちょうどうまい時に，神さまが，ふさがれていたわしのまよいの目をあけてくだすってよかった」という言葉を残している。王子が発した「ほんとうに」やローランドが語った「…あれが，ほんとうのよめだ」の「ほんとう」という言葉は，過去と現在が繋がる時であり，真実に目覚め，それと同時にその人の本来性を取り戻すことを示している描写だと理解することができる。

　「とき」の繋がりに関連して村上（1981）は，人間の世界の認識の仕方について「決してその瞬間の状態をそれとしてつかまえているのではなくて，それに粘着している過去のものをつかんでいるし，実はこれから来ようとしているものもつかみかけているわけである」と述べている。つまり「現在」は過去や未来に意味を与えると同時に，過去や未来から意味を与えられる。

「現在」に限らずそれぞれの時期が互いに意味を与え，同時に与えられている。この点から考えると，登場人物たちは「歌」により忘れられていた「過去」とのつながりを回復することと同時に，「現在」をしっかりと受け止め，「未来」への道をも開いていけると考えられるのではないだろうか。

(3) 「空間」を繋ぐ

　日本の昔話「桃売り聟」は娘と若旦那との出会いから始まる。2人が出会った翌朝，娘はヒント（白紙の上に糸，針）を残して逃げている。若旦那はそのヒントをもとに播磨の国へ向かい大家の娘だとわかる。そばの小間物屋に聞いてみると，かんざし売りになって娘に会いに行ってはどうかと助言されるが会えない。次に小間物屋が桃売りとなったらどうかと助言する。男は，再び助言どおりに桃売りとなって娘の所へ行くと，乳母に部屋へ通され桃の数え歌を歌う。娘は部屋の中で若旦那に気づき笑い，そこでようやく二人の顔合わせとなる物語である。

　この「桃売り聟」で登場する歌は一度の挑戦で相手に届くのだが，男は他者から知恵を得て歌を歌う状況に至る。つまり，かんざしを売るだけでは娘と顔を合わせることができなかったが，桃を売ることで歌が伴い，そのときはじめて娘に聴こえる。物語では「…嬢さんおらっしゃあ間の縁側で桃を数れだけん」と描写されており，歌が歌われるまでは娘の居る部屋と男の居る縁側は隔たれた場を示すが，「歌」が響くとき二人の隔たりとしてあった「空間」を超えることができる。また娘は若旦那の「歌」を聴き「『えへへえん』と笑わっしゃった」とあり，この笑いが起こった瞬間とは，「笑い」の響きによって，これまでの場面や事態が「変わる」という「瞬間」として捉えることができる。このとき歌は，「空間」を伝わり繋がったことが示されている。

　ここでの「空間」は現実に留まらず個人の内界やイメージの世界にも通ずる空間と考えられよう。中村（1985）は3つの場所，（一）「存在根拠として

の場所」，(二)「身体的なものとしての場所」，(三)「象徴的な空間としての場所」を提示している。このようなあらゆる要素を内包しながら繋がり合っている「空間」を音が伝わると考えられる。つまり「歌」が届く空間とは，向き合う二人・居合わせている二人の現実的な空間であり，同時に二人のそれぞれの内界（心）にある空間ともいえよう。これらの空間を「音」は行き来することで事態に変化をもたらす。

(4) 「異質なもの」を繋ぐ

　Franz (1975) が「おとぎ話には，意識的な特定の文化的材料が比較的少ないので，心の基本的なパターンがより明瞭に反映されている」と述べているように，ユング心理学ではおとぎ話の登場人物を一人の人間としてみるのではなく，ひとりの人間の心の中の一要素として理解する。この観点から言えば，例えば先に取り上げた「たいこたたき」は，たいこたたきという男性の自我とアニマ（内界の女性性）の物語と捉えられる。そして王女に代表される過去が忘れられているということは，自我から異質なものが乖離し，置き去りにされていると解釈される。その乖離した両者を繋ぐものとして象徴的に描かれるのが「歌」である。ローランドが思い出した途端に言う「…あれが，ほんとうのよめだ。ほかのは，いやだ」の言葉や，王子が目覚めた瞬間「こんどこそ，ほんとうに救い出されたぞ」という言葉にも乖離していた異質なものと，今ある自分の心は繋がったことが示されている。約束を思い出し目覚めたという内容は，象徴的には心のなかで異質なものの存在を知り認め，あるいは受け容れ，出会うことへの目覚めの瞬間とも解釈できる。

　例挙した物語では異性に表わされる異質性であるが，それは男女の内容に限定されるのではなく，大きく「他者」として捉えることもできる。それは同時に自分の心の中の様々な異質性に向き合うことでもある。言うならば臨床の場や人間関係において，「他者」すなわち自分とは異質なものと出会うことや，自分自身の心の中にある異質性に出会うことにも繋がると考えられ

る。

(5) 「狭間」にある音

　このようにみてくると「歌」は「時間」や「空間」「異質なもの」の間を伝わり行き来するという特徴があると考えられる。つまり「歌」は隔たるものの一方に属するのではない。両者の「狭間」に存在する。それゆえ音は人間を様々な方向に導く可能性があると考えられる。すなわち物語に登場した「歌」や「音」は人を内界や未知の世界へ導き，ときに惑わし，残酷に破滅をまねき，あるいは異質なものを結びつける。Jung（1976）は「（中略）音楽が精神と自然とがそこではまだ，あるいは再び一つであるような深みへと媒介する通路でありうることを（中略）」と述べているが，これはこの「狭間」にある音を示していると考えられる。

　「狭間」に生まれる「歌」に関して，日本の昔話「死んだ娘」に登場する男の歌を取り上げたい。この物語は，周りから死んだと思われ墓に入れられていた良家の娘が「音」を立てることで生きていることを外に知らせ，その音に気づいた男によって助け出される。その後，男と女は離れてしまうが女が駕籠に乗せられ嫁に向かう途中，駕籠持ちとして雇われていた男が娘を助け出した内容を労働歌として歌った。その歌を聴いた途端，娘は再度その歌を歌ってもらうことで探し求めた男だと悟り結婚するという物語である。

　物語では歌われた場面について「浦原から阿伝の浜のようなところまで来たところが，その男はいとを歌った」と描写されている。この場面が表す状況は，土地の名や物理的な距離を表すだけでなく身も心も「はるばるそこまで来た」ところで生まれた労働歌だったということがわかる。また，海辺に関わるというところも象徴的には意識と無意識・外界と内界の狭間の地で「歌」が生じたとも解釈できる。

　このように「歌う者の世界」と，その「歌を受け取る者の世界」の両者の狭間を「歌」が存在し行き来する。このどちらにも行き来できるような「狭

間」にある性質が「歌う者」と「歌を受取る者」を結びつけ，それぞれの変容をもたらすと考えられる。このことは「音（歌）」が，時空や異質なものの領域を行き来して，必要なときにはその領域を繋ぐ役割を果たすとも考えられる。

3.「繋ぐ」機能としての歌と心理臨床における言葉

(1) 物語における「歌」

これまで時間，空間，異質性の狭間に歌が生まれ行き来するときに事態の変容が起こることを考察してきた。ところでこうして生まれる「歌」とは一体何であろうか。またどのような背景や状況のもと，そのような「歌」が表現されるのだろうか。

グリム童話「白鳥王子」の女の子ユーリア，「なきながらぴょんぴょん跳ぶひばり」などに登場した女性による歌では，三度目の試みでやっと相手に届く。これらの物語では女性たちが歌を歌える場面に辿り着くまでに試練があり，さらに一度，二度の歌では何らかの問題があり届かず，これが最後の望みというとき男性に歌が届く。「恋人ローランド」の娘の歌は，三度目ではないが本当に切羽詰った状況で歌われた「歌」が王子の耳に入る。また「白鳥王子」のユーリアは三度目の晩に，偽の王女により王子が目覚めぬよう仕掛けていることに気づき，王子に違う飲み物を渡すよう使いの者に伝えるという新たな試みがなされる。これはユーリアが試練を生き抜いたからこそ与えられ生じた「知恵」だと考えられる。このように歌が伝わる時には歌い手の全てをかけた覚悟が感じられる。このとき事態は変化し，新たな局面が生じる。

一方日本の昔話「桃売り聟」の男性は，歌を用いることで逢いたい女との再会を果たした。男は最初櫛売りとなって声を出すが，その声では女性に聴こえない，つまり言葉を音に乗せて伝えたとしても一度の挑戦では届かな

い。だが助言者からの知恵を得て桃売りとなり「歌」を歌うという何らかの過程を経てはじめて「歌（声）」は通ずる。また「死んだ娘」の男は娘に気づいてもらおうという意志があったかどうかはわからないが，ようやく辿り着いた地で自然に生じた歌であった。

　こうしてみると，歌の言葉とは，歌われる言葉の内容や意味だけではなく「いかにして（その言葉が）語られたのか・歌われたのか」，あるいは「いかにして歌えるような状況を迎えることができるのか」という点が重要であることが示唆されている。Rousseau (1970) は「言語はたしかにいろいろな観念を表現するが，しかし感情やイメージを表現するためには，その上にリズム感と音色，すなわち旋律が必要である」と述べている。つまり言葉には「語られる言葉」と「歌われる言葉」があり，「語り」の次元が「歌」に近づくとき，観念のレヴェルのみではなく情動やイメージを伴った全体的イメージとして相手に届くことが示唆されている。また，武満 (2000) が「音楽家が考えている言葉とは，正確に何を名指すとか，インフォメーションの媒体としての言葉というのではなくて，日常使われている言葉というものの更に奥深くある隠れた源泉をあらわすものということができる」と述べていることとも重なる。

　言葉の更に奥深くにある源泉を表わす状態，あるいは，言葉に旋律がつけられる状態とは，ただメロディーがついた状態というだけでは説明できないものがある。そうであればグリム童話にみられる一度目の歌，二度目の歌でもよかったはずである。河合 (1993, 2002) が語りと歌に関わり「『話』『語』『歌』の順に自我のコントロールが弱まる」，「語りは心の高揚とともに『歌う』に向かってゆく」のだと指摘することとも関連するが，ここでいう「旋律がつく」とは表現の担い手その人の溢れるような思いや圧倒的感情，のっぴきならない状況などにより心が高揚し意識やコントロールを離れた時に生じる「旋律」と考えた方がよい。これは逆にいえば，旋律はなくとも「歌」に限りなく近い「言葉」がありうることを示している。

次に，そのような観点から臨床場面においてクライエントにとっての「歌」「声」の意味について事例を取り上げながら考察する。この事例ではケースの中で実際に「歌」が登場するが，「歌」そのものの重要性だけではなく，心理臨床においてそれまでと次元が変わるとき歌的な要素が見出されることの意味について考えてみたい。

(2) **事例からみる「歌」「声」「響き」**

ここで紹介するのは「歌」を媒介としたAさん（17歳，女性）との約1年間の面接過程である。Aさんは言葉への不信があり，人の中に入っていけないという主訴で来室した。

本事例はAさんにとっての「歌」「歌うこと」の意味，「声」に託された思いを表現してくれたものである。それと同時に，人が自らの生き方の次元が変わるときに生じ得る象徴化された「歌」「歌うこと」の意味について示唆を与えてくれた。これらの視点を踏まえて，ここでは事例を通して，心理臨床の場において語られた「言葉」と「歌」の間における関連性について検討する。以下，「　」はクライエントAさんの言葉，〈　〉は筆者（セラピスト）の言葉とする。

【事例の過程】

本事例の大きな流れは3つの時期にわけられる。1期目はAが抱えてきた孤独や本当の自分を生きられていないことを知る時期となった。2期目は「歌（音楽）」を媒介としてAの心の表現が展開され，ありのままの自分を探す時期となった。3期目は「歌」を表現するというイメージの世界（内界）から現実に戻り，その現実に向き合い始めた時期である。本来，さまざまな側面から検討できる事例であるが，ここでは「歌」や「声」に係わる部分を中心に取り出し考察する。

面接過程の1期の頃，Aの表情は硬く，僅かに語ってくれる声は小さか

った。視線が合うこともあまりなく他者に対する恐れや不安，不信感を表明するような表情にもとれた。セラピストから，Aさんの好きなことや楽しく感じられるときがあれば知りたいと伝えると「歌が好き，好きなアーティストがいる」と話し，セラピストはそのときのAの表情に柔らかさと生き生きとしたものを感じ，またAのその声に力をも感じた。

　その頃から2期である「歌」「音楽」を媒介とした面接が展開した。最初はAがお気に入りの音楽プレーヤーを使いセラピストひとりにAが好きな「歌」を聴かせる。次第に，左右のイヤフォンをひとつずつAとセラピストの耳に当て，一緒に同時に「歌」を聴くことを求めるようになる。

　またAは歌詞カードを手作りで持参し「詩」について語り，ときに歌い，言葉への不信で来談されているにもかかわらず自分自身の言葉を発するようになる。あるとき「歌が好き，声が好き」とセラピストに伝えた。セラピストが〈Aさんにとってどんな歌が好き？〉と尋ねるとAは「『歌声』がいい，歌になると普段のときの声とちがう，ぐっとくる声，声って『その人の声』っていうのがいい，声が生かされてる声。誰が歌っても同じに聞こえる歌もあればその人だとわかる声の歌があると思う」と語った。セラピストは思わず〈その人ってわかる声！　その人が生かされてる声〉と応える。Aは「それがほんとの声と思う」と語る。さらにAは歌を聴くときは「自分には歌えない声で歌われている歌が好き，歌うときは歌うこと自体，声を出していること自体がいい」のだと述べた。ここではAにとって，声といっても本当の声とそうでない声があることが示されている。同時に自分の本当の声を出したい，あるいは抱えている思いを声に出したいという気持ちも示されているとセラピストは感じた。Aは「この声がある限り歌う」という歌詞が一番と言えるほど気に入っていると話し「私もこの声がある限り歌う」と自分にも語るようにその言葉を発する。このような「歌」を媒介としたやりとりを通してAは自分の境遇や心の奥底にあった気持ちへの気づきや湧き出てくる思いに向き合うようになった。面接の後半頃まで歌を共に聴

き，歌い，語る作業が続いた。そして，Aの「これが私の歌，私の気持ちやわ」という言葉が印象に残る。

共に歌を聴き口ずさむ作業は続くが，次第にAは現実的課題や問題について話し，立ち向かうようになり3期に入る。新しい友人関係，新しい家族との関わりを作っていきたいこと，楽しいと感じられるようなあたりまえの生活を送り，夢をもちたいとAの考えを表明するようになる。新しい生き方に対する不安はありながらも，それでも何とか変わっていきたいというAの気持ちは伝わってきた。面接最終日Aは次のように語った。「私はここに来ていつのまにか自分の気持ちを話してみてもいいかな，言葉を信じてみてもいいかなと思った。好きな歌を一緒に聴いてくれる人がいて私は私の声を伝えたいと思った。私の歌を聴いてくれてありがとう」

【考察1．Aさんの「心の声」の気づきとしての「歌」】

本事例は「歌」と「歌」の間に言葉が織り交ぜられるような展開を見せた。Aには言葉に対する不信感という自分の気持ちを言葉に乗せることへの不安や恐れが存在すること，だが一方言葉に表したい思いもあるのだろうということが感じとれた。

登場した歌はA自身が作った歌ではなく既存の作られた歌ではあるが，そこにA自身の思いが込められていることや「自分の声を伝えたい」という思いを筆者は感じ取った。つまりAはいかにして「自分」についてを表現することができるのかという作業を筆者と共に取り組んだ。歌の言葉（歌詞）を用いることで自分の姿を重ね合わせ，Aは次第に自分自身の心の世界を表現するようになる。その内容のひとつに「頼りたくても頼れない，これでもがんばっている」と語るが，Aは親をはじめ，誰かが自分の心の訴えに気づいてほしかったのではないかと考えられた。またAの弟や妹について「喋れなかったことが喋れるようになっている成長を見ることができる」と語った言葉からは，A自身が何か重要なことを打ち明けられるようにな

り（なりたい），乗り越え成長したいという心が表現されているのではないかとも考えられる。これらのAの心の表現は彼女にとって大切な他者への訴えという意味にとどまらず，A自身の心に対する心の訴えだったとも考えられた。この心の訴えはAにとって，自分自身のありのままの気持ちに気づきを生じさせる心の声でもあったのではないか。このようにしてAは自分がどのように生きてきたかについて，自分の人生に起こっていたのだということに気づいた。そしてその気づきを自分の心の中から湧き出てくるものについて触れるようになり，言葉として表わすようになる。これらのAの心の声は，Aが好きな歌の言葉だと告げた彼女自身にとっての「その人とわかる声…それがほんとの声」だったのだろう。自分の本当の気持ちを言葉で表現することができなかったAが，繰り返し歌を聴き，歌を歌うなかで，語り手（歌い手）の心から湧き出る感情を伴った語り，すなわち先に述べた「歌に限りなく近い語り」，言葉を響かせることができる「旋律のある歌」を歌えるようになったといえる。

　Aの主訴の中には言葉への不信があり，その不信を克服し，もう一度言葉への信用を取り戻すことがひとつの課題でもあった。心理臨床においてはさまざまな非言語的な表現方法があるが，そのような課題をもつAにとっては自らの「声」を出して「歌」にかかわることが乗り越えるべく心のテーマになったのではないかと考えられる。Aは「その人とわかる声が好き」と表現しているが，この「声」とは歌い手の存在が込められ，しっかりとその存在と繋がった声である。そしてその声とは一人ひとりにとっての大事な内容が含まれる心の底から湧き出る声ではないだろうか。つまり「その人とわかる声」とはその人そのものであり，声に含まれる独自の響きであると考えられる。本事例から「声」が生まれ，その人自身の明確な「声」となったとき，はじめてそこから「歌」へと繋がるということが理解できる。このようにして「歌」の世界に自分の生きる姿を見い出したクライエントが，これまでの抑えていた複雑な思いを自分の傷として引き戻し引き受ける，そして

現実に生きる自分自身に命を吹き込んでいったように考えられた。A はセラピストと共に繰り返し歌を聴き，また歌うことによって，「その人の声だとわかる声」すなわち「A 自身の声」というものを見出したのだ。そして，その「声」に出会うことを通して A は自分の心を表現できるようになり，加えて現実に生き抜く為の準備をしていったといえるだろう。

「歌」の作業の終了近く A は「これが私の歌，私の気持ち」と語ったが，これによって「歌」の体験を収めていく作業を自身で遂げたように感じられ，一つの節目と思われた。その後，歌を聴くことは自然に減ってゆき，現実的な話題へと変化していく。A は歌を媒介とした世界から現実の世界へと戻っていったとも考えられる。この節目を境にクライエントであった A の生き方，感じ方や考え方に変化が見受けられた。

【考察 2．心に変容をもたらす「歌」】

さて，この節目は心理臨床においてはクライエントのひとつの成長を表す変化の姿だと考えることができる。この節目に纏わる心の成長について二つの概念から述べたい。一つめは Winnicott が提唱した「中間領域」と「移行対象」であり，二つめは Jung が提唱した個性化の過程である。中間領域とは「内的現実と外的（共有）現実のどちらかに所属するかを問い質されないこの体験の中間領域」であるとされる（橋本，1979）。事例で考えると「歌」は，歌う者の世界とその歌を受け取る者の世界の間，あるいは両者の背景（内界）ともいえる世界を通じて移行対象として存在し，お互いが歌い聴くという体験が移行現象と考えることができる。歌（音）が中間領域を行き来する体験を通じて両者共に，これまでを乗り越え再生していくと考えられる。移行対象としての「歌」は，人間の心のある地点から別の地点への移行段階の過程とも言えるのではないか。錯覚から脱錯覚へ，一者関係から二者関係へと発達してゆく姿とも捉えることができる。人は保証されながら新たな世界（次の世界）へ移行する，その中間領域に「歌」がある。人間はすぐ

第 4 章　グリム童話と日本の昔話における歌の共通性　75

に変化はできない，つまり何かを介さなければ次に進めないこともあり，本事例の場合には「歌」によって保証され，変容することによってその人にとって（人間）の全体性（あるいはその一部）を回復することにもなった。それは「歌」を介して退行し，抑圧していた自分，生きられていなかった影の部分を取り戻すのだとも考えられる。つまりこれまでの自分の生き方にとっては異質な部分といかに出会うのか，自分の内面といかに繋がっていけるのかの課題であるとも考えられる。この「歌」を介して何かが変わる，何かが起こるときが，セラピーにおける一つの節目だと考えられる。そしてこの節目はセラピーにおける境界ポイントでもある。

　このように人が大きく変容を遂げることを Jung は自己実現（個性化の過程）だと述べている。河合（1967）は，この個性化の過程について「個人の内在する可能性を実現し，その自我を高次の全体性へと志向せしめる努力の過程」だと説明している。この事例では，クライエントの生き方に関わる変化のとき，あるいはその節目の瞬間に歌的な要素が現れた。この生き方が変わる次元の境界で生じた歌的なものが「歌われる言葉」である。この過程はクライエント（厳密に言えばセラピストも含まれるが）にとっては，「歌」に象徴された心の変容であり，心の発達であると考えられる。本事例ではその変化（節目）の後，クライエントが歌を聴くことは自然に減ってゆき現実的な話題と変化していく。本事例の過程は「歌」を媒介とした世界から現実へ戻っていったともいえる。

　本事例では，心理臨床の場に生じる「歌」には 2 つの意味が介在していると考えられた。1 点目はクライエントにとって自分の心を表現するため，あるいはセラピストとの交流を促す助力となる「媒介としての歌」，つまり「歌」そのものの意味である。2 点目は，クライエントの変容のとき，これまでの生き方の次元が変わるときに表現される語りには「歌的な要素」の「声」（「歌」）が生じるという意味である。ここで重要なのは，本来セラピーの過程において人が変容を遂げるとき，あるいはその人にとって転機が訪れ

るときに実際の「歌」ではなく，「歌的」な要素の「語り」が生じることは多々あるという点である。これまでに本書ではおとぎ話に登場した「歌」や「歌う場面」に注目し，ある特別な状況（その人にとっての重要な節目や転機，変容のときを迎える状況）において歌われるとき，その「歌」は，語りの中に「歌的」な要素が生じることと関連するのではないかと考察した。本章で取り上げた事例についても実際に「歌（聴くことと歌うこと）」が登場し，さらにその「歌」や転機が生じた「語り」の中には，「歌的」な要素が含まれていることを考察した。

【考察3．その人自身の「声」「歌」，そして語られる「言葉」】

さて心理臨床においてもこれまでに声や肉声の重要性が論ぜられてきた。例えばSullivan（1986）は「精神医学的面接とはすぐれて音声的（ヴォーカル）なコミュニケーションの場だ」，「述べられた命題文のほんとうのところが何であるかをおしえるのは，言語にともなう音である」と述べる。ここで述べられた「音声」，すなわち心理臨床の場における「音声」とは「肉声」であり「声」である。これに関連して鷲田（2003）は臨床の言葉について論究する際，「語りには声がある（中略）そして声には，語りにおいて意味を超えた力をもつ（中略）臨床の言葉を考えるときに語りの〈意味〉（text）についてのほかに，語りのこの〈声〉（texture＝きめ）についても考えておく必要がある」と述べている。またBerio, L（2000）は「声というのは，必ずしも言葉を伴わなくても意味を伝達することがある（中略）声だけで感情が伝わる。声というものが，人間にとってもっとも重要な音響的現象である」と述べる。これらの内容を基に考えると，音声から「声」を聴くことは音波が鼓膜に触れ共振して聴くにとどまらず，身体感覚をはじめ聴く者の身体や心，その全体の中で共振し共鳴する現象だと考えられる。これは「声」として届くために，人の心身に「響く」ことが重要であるとも言い換えられるのではないだろうか。もちろん歌の「言葉」自体に含まれる意味の重要性は当

然存在するが，他者に届くという事実に着目すると，この「響き」が重要となるのだ。ある特定の状況において生まれた声による「歌」が「響きをもつ声」だと考えられるのではないだろうか。

　こう考えると先に示した事例からも読み取れるように，臨床の場における言葉は，たとえ歌われなくともそこで語られる言葉が「いかにして語られるか」という線上で，時として「響き」をもつ限りなく「歌」に近いもの，または「歌」そのものが語られていると考えるのはあながちまちがってはいないと考えられる。臨床の場において語られるこうした「言葉」は，表現する者の「声」に含まれる独自の響きである。このように臨床の場で語られる独自の響きをもった「声」には，意識や無意識を問わず表現者のさまざまな内容が込められている。このとき「声」は単なる音声ではなく，表現者の存在そのものが吹き込まれた言葉になっているのではないだろうか。それは例えば感情や情感を伴った言葉，心から湧き出るような自然な言葉，言葉が音声としてのみ遊離していない言葉，表現されることについてその人がきちんと引き受け手になっている言葉などである。

　これまでの考察からみれば，ここで「響く声」と述べられるものは単なる言葉ではなく，歌う器としての身体も含めたその人の全体性を通して現れ，そして受け取られると考えられる。こうした「歌」「声」はクライエントとセラピストそれぞれに体験され，双方の関係性の中で行われる。そして両者にとって言葉が意味あるものとして響くとき，それがそれぞれの人にとっての全体性の回復や変容へと繋がるのであろう。心理臨床の場におけるこの過程は両者が共に語り合い，響き合うような循環，奏で合う状況の中で起こっている。そしてその結果として，心の真実に結びつくような個性化にも繋がっていくと考えられる。

4. 歌い手と聴き手の相互性について

　先に歌い手と聴き手の関係性，もしくは心理臨床でいうならばクライエントとセラピストの関係性のなかで「歌」は表現され受け取られると述べた。ここまで表現者である「歌い手」を中心に述べてきたが，実際，自己と他者，クライエントとセラピストの相互交流においては表現の「受け手」の在り方が重要である。心理臨床において，これまでに両者の関係性の中でセラピーが展開することは多く論じられてきた。本章では，クライエントとセラピストの関係性について，表現の受け手すなわち「聴き手」の重要性を述べた上で，「歌い手と聴き手」という視点から両者の相互性について検討したい。

(1) おとぎ話に登場する「歌い手と聴き手」

　先にあげたグリム童話での「歌い手」は厳しい試練を経験しながら，自らの問題に葛藤し悩み闘うことを通して初めて相手に伝わる「歌」を生み出すことができた。一方，日本の昔話での「歌い手」は，明確な試練は見あたらないが女性のもとへやっと「辿り着く」という過程を経ていた。この過程で「歌い手」は，歌うことによって自らが開かれていくと同時に相手に「歌を受け取ってもらう」経験をする。このとき「表現を受け取る者・歌を受け容れる者」の重要性が示唆されている。先に，歌い手にとって「いかにして歌うことができるか」が重要であると考察したが，同時に聴き手にとっては，「いかにして聴くことができるのか」という視点も必要となる。

　「受け手（聴き手）」は一見，受身のようだが単に受身なのではなく「容れる・聴く，あるいは聞く」という積極性がある。それは登場人物の切り離された心の中のさまざまな要素を再び繋ぎなおすことや，自分が心の奥で捨ててしまったさまざまな心の要素を見直し拾い上げるというような勇気を伴う

行為であると考えられる。先にとりあげた「たいこたたき」のたいこたたきや、「白鳥王子」の王子、つまり「受け手」にとっては試練を受け容れねば再生が果たされぬ状況であったと考えられる。王子たちにとっては気づいていない、あえて気づきたくなかった状況が眠り薬で眠らされている状態と解釈もできる。なかなか受け容れることができなかった異質なものを受け容れられるようになるまで試練が必要だったと考えられる。そして三度目は王子自身が眠り薬を飲まないように試みるという新たな部分が生じた。王子、すなわち男性としての自我にとってはそろそろ何かに気づかなければならない、変化を起こさざるをえないというような心の動きが生まれたと考えられる。ただこれは王子だけの力ではなく、王女からのなげかけや思いがエネルギーとして伝わった結果とも考えられる。すなわち王子の心の動きと王女の働きかけという双方のかかわり合いがあったからこそなせたと考えられる。

では、第1章においても述べたように物語の中に現れる登場人物の一人ひとりを、一人の人間の人格のある要素が示されたもの、一人の人間の心のさまざまな側面として捉える考え方であるとすると、ここでいう王女は、実際の王女、女性というのではなく、王子の心の中にあるアニマ（女性性、異質性）、すなわち心の一側面であると理解することができる。

一方、日本の昔話「桃売り聟」の娘は男にヒントを残すことで力を尽くしたあとは男を待つという試練を果たした。「何もせず待つ」ということもまた一つの試練であろう。また「死んだ娘」に登場した娘は、諦めながら嫁に行くことになる前に、自分の命を生き返らせてくれた男を探すという努力をした。このため後に男との再会が巡ってきた。これらの物語においても、男性と女性がそれぞれ果たすべきことを成し遂げた結果の再会だったと考えられる。このように「歌い手」のみの努力や行動ではなく、両者の状況が突き詰められ高まった時、初めて歌の響きが生じ届いている。「受け手」は表現する者から何らかの気づきを引き出されているようで、受け手自身が自らの気づきを引き出そうとしている側面がある。それは自らの心の真実に気づこ

うとする潜在性だとも考えられよう。武満（2000）は作曲の本質について「音楽は，（人間の裡にひそむ）自然の感情を呼びさますものでなければならない（中略）音楽は，ひとつの音を積極的に聴くことから始まる（中略）そしてそこにさまざまな感情を聴き出すこと」だと述べている。この内容は聴くことと創ること，すなわち本章でいう「聴くこと（受け手・聴き手）と歌うこと（歌い手）」とは独立した要素ではなく，相互作用の関係であるということがわかる。それは「聴くこと」によって「歌うこと」に繋がっていくと考えることができる。しかもお互いの裡にあるさまざまな感情を呼び覚まし，相手に向かって表現される（歌われる）ことになるのである。このように考えていくと歌い手と聴き手の相互的なかかわり合いが重要であることがわかる。その点では，両者がどちらも歌うことと聴くことの「担い手」なのである。鷲田（1999）は「歌うこと」と「聴くこと」に関し，歌うことについて「わたし，あなた，かれといった人称の境界をいわば溶かせるようなかたちで，複数の〈いのち〉の核が共振する現象とでもいうべきものだ」とし，聴くことについて「他者の声を聴くことの根底には『自―他，内―外，能動―受動という区別を超えたいわば相互浸透的な場』に触れるという経験がある」と述べている。

このように心から歌い，歌を受け容れるとき能動と受動という役割はあいまいになると言えよう。つまりは「語り手」と「受け手」，「歌い手」と「聴き手」として分けて考えるより，それらの担い手は「声」が届くことをめぐって相互作用的なまとまりとして捉える視点が必要となる。

さらにここで重要なのは，自分と他者のどちらかが現実に「歌い手」か「聴き手」かという一方の役割をもち，あるいは単に役割交換がなされるという意味に留まらない点である。それは二人の人間の間，および一人ひとりの心の中に象徴としての「歌い手」と「聴き手」が存在し，両者が活性化されているのではないかと考えられる点である。

(2) 心理臨床における心の中の「歌い手と聴き手」

　ここでは心理臨床の場においてもクライエントやセラピストそれぞれ心の中に「歌い手」と「聴き手」が存在し活性化されているのではないかという可能性を提示するため，先にあげた「歌を媒介とした事例」を基に考えてみたい。

　歌が好きな A は自分の好きな歌をセラピストに聴かすことを通して，自らの気持ちを表明し伝えるようになった。それは同時に自分自身に語りかけることにもなった。その自らの語りについて A は「声」や「歌」と述べている。それは「歌を聴き，言葉に表わし，再び聴きまた語る」という流れができていたこととも関わる。A はセラピストに何かを打ち明け届けると同時に自らの心にも聴かせ納得する体験をしていたと考えられる。このときの A は心の内なるものと結びつき，疎外されていたものとの繋がりを回復したといえる。「語り手」にとって「歌うこと」は自らの中にあるさまざまな内容のものを繋ぎ合わせることでもあり，自分をも聴き手としながら自分の心の中にその過程を体験として収めてゆくことでもある。「受け手（聴き手）」にとっては，歌い手に寄り添っていくことを通して「歌う他者，向き合っている他者」に出会ってゆくのであり，それが自らの気づきや癒しにもつながるのである。A は歌い手となってセラピストを聴き手にすると同時に，自らの心の聴き手に対して歌い手になったとも考えられる。

　またさらに A からだけの投げかけではなく，提示された「歌」を通してセラピストからも声を出し言葉をかけることや一緒に口ずさみ歌う場面が何度もあった。この内容は，妙木（2005）が「『声』は，意識と無意識の架け橋となる」とし，また「クライエント側のみならずより重要なことは，そこに治療者の『声』が響くということ」なのだと指摘することとも関連する。川田（2004）の「声を発することは，声を発するという行為を支える状況性と，声を発する者の現前性と，声を向けられた相手の特定性とをまきぞえに成り立っている」との論及は，クライエントとセラピストの間における

「声」を考えていく上で示唆深い。臨床場面でもクライエントとセラピスト双方の声，肉声が響くことの重要性が考えられる。以上の内容をふまえて考えていくと，セラピーが展開されるとき，セラピストはクライエントという聴き手に対して歌い手となり，心の中の聴き手に対する歌い手となったと考えられる。本事例は，自らと他者における「歌い手・聴き手」との交流について，さらに一人の心の中に「歌い手と聴き手」が存在することを教えてくれた。この「歌い手と聴き手」の視点はクライエントとセラピストの関係性という内容と関わり，山本（2006）が「声を『発する』行為と『聴く』行為とを照らし合わせてみると，それぞれ独立して扱えない次元の存在が明らかになる」と述べることとも関連する。先に「物語における歌い手と聴き手」に関して相互的なまとまりとして捉えることの必要性を述べたが，Aとの事例からもわかるように心理臨床におけるクライエントとセラピストで考えると，どちらの心の中にもそれぞれの「歌い手」と「聴き手」が存在しており，その両者が活性化されることでセラピーが展開すると考えられる。

　以上の考察に加えて重要な点は，自分自身の心の中の「歌い手・聴き手」が賦活されるためには，他者の心の中の「歌い手・聴き手」との相互的な関わりが必要であるという点である。つまり自らの心の中にある「歌い手・聴き手」における動きと，他者の心の中にある「歌い手・聴き手」との関わり合いによる動きがセラピーでは作用する。このように二重の意味において心に存在する「歌い手と聴き手」は活性化される。このように考えていくと「いかにして歌い手となり得るのか」と同時に，「いかにして聴き手となり得るのか」という視点も重要となることが示唆されている。

第5章　グリム童話と日本の昔話における歌の相違点
―― 歌い手と聴き手の観点から ――

　第4章では，グリム童話と日本の昔話において文化差に左右されない人間の「歌」や「声」の共通性について検討した。同時に心理臨床の場で語られる言葉の観点から人間の心の中に存在する「歌い手と聴き手」という視点の可能性について考察した。

　だが実際には第3章で示したように，おとぎ話における音や音楽には共通性と同時に民族性や文化による差異が見受けられた。代表的な相違点として「人間の声・歌声における共通性と相違」，「楽器そのものがもつ意味の共通性と力の質などにおける相違」，「音の表現者・受け手（聴き手）に関する相違」などが見出された。

　本研究では心理臨床における語りの観点からおとぎ話における「歌」について検討しているため，この章ではグリム童話と日本の昔話に登場する人間の歌の独自の特徴やその相違点について着目する。その着目点を踏まえて，そこに表現された西洋人と日本人の「歌」，および「歌い手と聴き手」に象徴化された自己実現（個性化），すなわち心の成長・発達における比較検討を試みたい。その検討を通して心理臨床の場における西洋人と日本人の語りの相違についての考察点を示唆できればと考えている。

　では次にグリム童話と日本の昔話における音の種類と機能についての共通性と相違点を表7に示す。

表7．音の種類と機能における共通性と相違点

共通性	① 登場人物たちの出会いや物語の展開を導く。現実世界を生きる者同士の出会い，あるいは現実世界とは異なる世界や「内的現実」を生きる者との出会いや交流を導き引き寄せること。 ② 人が重要な出来事や内容を思い出し外的・内的な真実に出会う機会を導くこと。 ③ 意識的な言葉で語るのが難しくても歌に乗せると真実を伝え，語り得る。 〈結果〉 音は「意識的な領域・現実世界」か「無意識的な領域・内的現実」のどちらかに存在しているのではなく，その両方の領域を行き来する性質である。あるいは両領域の狭間に存在し，両領域を繋ぐ働きをしているようである。
相違点	人間の声・歌に関して
	―歌い手・聴き手（担い手・受け手）― グリム童話：主として，声を発するのは女性・受け手は男性。 日本の昔話：老若男女と幅広い。 ―機能― ① グリム童話では「何かを思い出す」が主機能だったのに対し，日本の昔話では幅広い機能，すなわち「導き」や「真実を語る」役割も担っていた。 ② グリム童話で真実の歌を歌えるのは鳥（動物）が主だったのに対し，日本の昔話では動物だけでなく女性や子どもや人間以外の者の歌によっても真実を伝えることが可能。 ③ 日本の昔話では歌を「詠む」という機能が見受けられた。 〈結果〉 グリム童話では歌の機能が限定され，担い手の性役割が明確であるのに対し，日本の昔話では歌の歌い手・聴き手，機能が幅広く多様である。意識的・無意識的にも幅広く声を活用している。
	楽器の音に関して
	機能の種類に差異はなかったが楽器の音の担い手・聴き手，および力の質の違いに差異がみられた。 ―担い手・受け手― グリム童話：担い手が主として男性，受け手が人間（男女）。 日本の昔話：担い手の主が男性であり，受け手は主として天界の女性。 ―力の質（機能）の違い― グリム童話では何かを破壊するような外的なパワーを持ち人間の力を増強させる手段としての力が見受けられたが，日本の昔話ではそのような質の力は見出されず，人間と天界・異界の者とを引き合わせるような力の質が主であった。

第 5 章　グリム童話と日本の昔話における歌の相違点　85

1. 節目の場面からみる人間の声・歌における相違点
――「歌い手と聴き手」における相違――

　ここでは第 4 章で取り上げた「歌」が登場するグリム童話と日本の昔話において同じ結末（本当の結婚，異質性との出会い）を迎える物語を提示しながら，歌い手と聴き手における相違点について考えたい。
　この相違点は，両物語において重要な内容を思い出し真実に気づくことを通して「男性と女性が本当の結婚を果たす」という同じ結末を迎えるとしても，歌い手と聴き手の男女の役割における性差がみられた。さらに重要だと考えられる内容は，歌い手と聴き手が対照になっているということが単に性役割の相違というだけではなく，試練の乗り越え方とも関わる担い手（歌い手・聴き手）の特徴そのものに顕著な違いが見られるという点である。この「思い出す機能」という共通性をもちながら，その中に存在する個別的要素ともいえる「相違」にはどのような意味があるのだろうか。この点については，グリム童話における「女性が歌う意味―男性が聴く意味―」と，日本の昔話における「男性が歌う意味―女性が聴く意味―」について考えることとなる。
　以下に第 4 章で取り上げた 4 つの物語から，それぞれの物語における共通性に含まれる個別的要素については表 8 に，歌い手と聴き手の特徴における相違については表 9 にまとめる。
　本来，ひとつの物語にいくつかのモチーフ（心の発達課題におけるテーマ）は，重層的になる場合が多いが表 8 にまとめたそれぞれの物語の結末は「本当の結婚が果たされる」という同様の内容に焦点をしぼっている。すなわち「異質性のものと向き合う・出会う」という心のテーマである。この心の発達過程をあらわすテーマは，ユング心理学における意識と無意識の相補性を意味する個性化の過程とも関連する。分析心理学では，人間が対極にあるよ

表8．「思い出す」「気づく」機能（共通機能）における個別的要素

	グリム童話		日本の昔話	
	白鳥王子	たいこたたき	桃売り聟	死んだ娘
出会い	王子が魔法にかけられた状態で女性と出会う。	たいこたたきが王女の忘れものを拾うことで出会う。 ↓ たいこたたきの試練の後，再度王女と出会う。この試練は王女の手助けにより乗り越えている。	特に目立った出来事はなく物語の最初の場面から自然に出会っている。	娘は墓に入れられた状態にあるが，音を出すことにより男に救い出される。
離れ方	二人はハプニングにより一時離れ，白鳥王子はどこかへ飛んでいってしまう。別の女性との結婚がされようとしている。	王子が結婚の報告のため一人で親もとへ行く。そして約束を破り王女のことを忘れてしまう。別の女性との結婚がされようとしている。	いつのまにか女性はいなくなっている状態。	明確なきっかけは描写されていない。娘は駕籠にのせられ嫁に出される状況になっている。
歌の登場までの過程	女性の歌の出現 女性は男性の心変わりに悲しみにくれるが何とか男性の心を取り戻そうと決意。 魔法使いの女から手助けを得るが3度の挑戦が必要。	女性の歌の出現 姫は男性の心変わりに悲しみにくれるが何とか男性の心を取り戻そうと決意。 魔法の指輪が与えられるが，3度の挑戦が必要。	男性の歌の出現 立ち去る女性が残すヒントを手掛かりに女性の居場所を知り，辿り着く。 小間物屋からの助言により桃売りとなり歌う。	男性の歌の出現 明確な試練は描写されていないが，男は娘の駕籠持ちとして雇われている。 遠方まで着いたところで歌を歌う。
受け手	王子は女の子との約束を忘れている。	たいこたたきは姫との約束を忘れている。	女性は男性のことを忘れていたという描写はない。	女性は男性を探していた。男のことを忘れていたという描写はない。
思い出す瞬間 気づく瞬間	王子は3度目にしてようやく歌が聴こえ真実に気づく。	たいこたたきは3度目にして，ようやく歌が聴こえ真実に気づく。	女性は男の歌を聴き1度目に気づく。ようやくと感じさせるような明確な描写はない。	女性は男の歌を聴き1度目で探していた男性とわかる。
結末	本当の結婚	本当の結婚	本当の顔合わせ	本当の結婚

表9. 歌い手と聴き手の特徴における相違点

	歌い手	聴き手
グリム童話	女性 試練を乗り越えるために何らかを授けられてはいるが，試練に対して忍耐強く立ち向かう。明確な試練を経験した後に再会を果たす。	男性 将来を約束した女性を忘れ，また眠っていることで真実がわからなくなっている状態で女性が来るときを待つ。
日本の昔話	男性 明確な試練に正面から立ち向かうのではなく，何者かからの助言を得ながら女性と再会を果たす。	女性 男性との再会までの過程に，女性も参加しながら男性が来るときを待つ。

うな心の要素を相補しながら，その人の心の全体性を生きることが重要であると考える。個性化へのプロセスを示すひとつとしてペルソナとアニマ・アニムスがある。ペルソナは人が外界に適応しながら生きるためのものであり，アニマは男性の内界に存在する異性的要素（女性の内界に存在する異性的要素はアニムス）である。分析心理学ではこのような心の中の対極の要素と向き合い折り合いをつけることは，人が変容を遂げ人間としての成長や発達に繋がると考えられている。

これまで述べてきたグリム童話と日本の昔話における「歌い手と聴き手」の性差やそこに含まれる担い手そのものの特徴の差異は，西洋人と日本人の「歌」を介した個性化のプロセスの差異のひとつの表れだと考えることもできる。ひいてはアニマ・アニムスという異質のものと繋がるテーマにも西洋と日本における相違が見出されるのではないかと考察することができる。ただしここで留意せねばならない点がある。それは「担い手の性役割（における性差）」という内容についてみた場合，グリム童話の中に日本的な性役割を示す構造や日本の昔話においてもグリム的な性役割を示す構造ををもつ物語は今回調査した物語中には見られなかったという点である。さらに，これまでに西洋でいわれるところのアニマ・アニムスの概念と日本人にとっての

それとを同様に考えることはできないと指摘されてきた面もある。だがその概念をとりあげることでより両物語における「歌」及び「歌い手と聴き手」の独自の特徴がみえてくるだろう。ただし本章では，グリム童話と日本の昔話という限られた素材からの比較文化的な視点の検討となる。本来多角的に考えられるところの西洋人と日本人の差異のひとつの例にすぎないことを忘れてはならない。

さて先に表8，9で示した相違点は物語のいくつかの節目となる場面で見出すことができ，大きく3つの場面にわけて考えることができる。節目となる場面に着目すると，第1は男性と女性の出会う場面である。物語の始めの段階ではそれぞれの人物にとって心の中に補うべき（心の）要素の可能性が示唆されており，成長を遂げた男性と女性の出会いという意味合いではないと考えられる。第2は出会った男女が一時的に離れる場面である。第3は「歌」の登場までの過程と重要なことを思い出す瞬間・結末の場面とみることができる。では次にこの節目となる三つの場面をみていく。

⑴　出会いのはじまり――第1の節目――

通常おとぎ話では，物語の始めに心の乗り越えるべく課題，補償すべく要素が提示される。そしてそれらの要素を主人公（主人公の心）がいかに自分の人生の中に加えられるかが重要な課題となる。

さて，第4章から素材としている4つの物語では，異質な要素との関係を獲得するというテーマが共通している。だがそのテーマの提示のされ方に相違がみられる。

この第1の場面，「男女の出会い」ではグリム童話の場合，出会うまでになんらかの経過を経ており序論が明確に描写されている。だが日本の昔話では初めから男女が出会っており，もしくは出会うまでの描写の詳細はない。グリム童話では男性と女性という異質の者が出会っていくという心の発達課題が明確化され，その「導入」がはっきり描かれていると解釈できる。だが

日本の昔話では男女の差もあまり区別されていない状況から始まるのである。まずこの時点で，日本の昔話における性役割や性差に関しての曖昧さがうかがわれる。

(2) 内界との出会い方——第2の節目——

　第2の節目，すなわち男女が「一時的に離れる」場面においても相違がある。グリム童話では何らかの理由があり男女が離れるが，日本の昔話では明確な理由が言及されないまま女性が男性のもとから離れている（離れようとした）状況になっている。

　さてこれらの状況を考える際，つまりはおとぎ話を分析し考察するという作業では，言葉が表す意味だけではなく，言葉そのものの意味からイメージを拡げ解釈していく。ここでいうイメージとは，河合（2000）の論及を参照するといくつかの意味がある。1点目は言語表現がまさにそのものとして具象的に体験されるということ，2点目は多くのことを集約しており，多義的であるということ，3点目は直接的に感じられ作用するということ，4点目は何かと一対一対応せず簡単には言葉には置き換えられない表現である象徴性をもつということである。イメージは自我（すなわち意識）のコントロールを超えて働く性質のものである。以上のような立場でイメージを捉え，一つひとつの場面や登場人物の心の動きについて考察していく。このように考えると，男女が一時的に離れる状況の相違とは，グリム童話では，試練が始まる，すなわち心の課題に取り組む内界への「入口」やまたそこに「向かってゆく」ことが明確に表現されていると考えられる。一方，日本の昔話では「いつのまにか」内界へ入り込んでいる状況が描写されていると解釈できる。この点に関しては，外界と内界，現実と非現実，意識と無意識の世界の境界が曖昧であると考えられる。

　加えて重要なことは，一時的に男女が離れた後，グリム童話の男性たちは女性の存在をすっかり忘れてしまっているが，日本の昔話の女性たちは男性

を忘れているわけではないという点である。象徴的に考えれば，グリム童話に登場する男性たちは女性との約束（女性の存在），すなわち異質性の部分を完全に乖離している状況である。だが日本の昔話の場合，女性たちが男性を忘れてしまっていたという描写がない点から，異質性を完全には乖離していないことが推察できる。以上に述べた状況の違いは，「歌」そのものの相違点を表す内容ではないが，「歌」が生まれるまでの過程に重要な影響を与えていると言えよう。

(3) 「歌」の登場と再会——第3の節目と結末——

　第3の節目は，「歌が登場するまでの過程」から「重要な内容を思い出す場面」である。この内容はアニマ・アニムスとの出会いのプロセス（個性化の過程）にも関わる。以下，それぞれの担い手の側面から，心の中にある異質性との出会いのプロセスについてみていくこととする。

　① 歌い手の側面から

　グリム童話では女性たちが魔法を使える者から何かを与えられ，その与えられたものと引き換えに男性と出会うチャンス，ひいては「歌う機会」が与えられる。だがこれまでみてきたように，引き換えることや「歌」が男性に届くまでの過程には大変な痛みを伴う。つまり，その歌を男性に「聴こえる歌」として歌うまでに女性は失敗を繰り返しながら3度目（あるいは何度かの挑戦）の試みでようやく男性に「聴こえる歌」として歌うことができる。基本的には厳しい試練やそこに生じる葛藤を明確にした上で受け止め乗り越えていかねばならない。この「歌」が生まれるまでの女性の姿は，男性の心を取り戻したい，以前の状況（本来の状況・あるべき姿）に戻りたいというような強い感情や意志の込められた歌である。そしてその思いが最高潮にのぼりつめたとき，男性を真実に目覚めさせ，再会し本当の結婚を果たす。ここで述べる女性とは，実際の女性というよりは，象徴的なイメージとしての女

性，心の一要素であるアニマ（女性性）や異質性を意味する。

　一方，日本の昔話「桃売智」では小間物屋の助言を活かし「歌」を歌う，すなわち1回目は歌い手とはなっておらず，2回目に桃売りとなり歌を歌う。また実際に女性の居る部屋の近くまで通してくれたのは乳母であり，女性の力や支えと捉えることもできる。男性の歌い手は周りの者の助言を受け入れ，それを女性に会う手立てとする。このように，誰かからの知恵をうまく生かすことによって女性と出会うのである。ただし男性は単に誰かからの助言通りに真似をしただけではなく，桃売りとなって歌った「歌」そのものは男性の心から現れた内容である。つまり，他者からの知恵をうまく自分のなかに吸収し，自分なりの知恵として創りなおしたとも考えられるのではないだろうか。また「死んだ娘」では，男性の「歌」が生じるまでの過程が詳しくは描写されていないが，それまでに男性女性ともに苦労をしている。それは，やっと辿り着いた土地で労働歌を歌った男性と，自分を助けてくれた男性を探し求めていた女性の姿である。日本の昔話における男性たちが，まったく楽をしているわけではない。このように日本の昔話では男女共に何らかの努力がなされている。この内容は性役割が明確でないということにも関連するのではなかろうか。

　だが，やはり日本の昔話にみられる「他者」からの助けを十分に生かして状況を変化させていく点や，「試練」が試練として明確に描写されていない点に関しては，グリム童話における明確な試練の形とその克服の仕方とは区別される。すなわち日本の昔話における男女は，グリム童話の男性が女性を待つ姿，男性が眠らされている状態，女性が忍耐強く積極的に男性に働きかけている状態とは異なると解釈できる。グリム童話での女性の歌い手では，限界の状況，のっぴきならない状態となり「歌」が生じる。だが日本の昔話での男性の歌い手は，うまく流れがきたとき，その流れに乗る，歌う「とき」を察したかのように歌う。つまり女性の心を取り戻すとの強い感情のもとに歌うという描写はされず，何らかの節目と与えられた状況の中に身を任

せることによって「歌」が生まれる。このことは受動性の中に積極性が生じているとも考えられる。

　以上の内容は，グリム童話の場合は明確に「試練」が存在し，乗り越えることに意味を見出すテーマに「歌」が描写されている。一方，日本の昔話では「試練」というよりは，置かれた「状況」においていかに溶け込みながら新たな状況を生み出すか（自分の存在を見出すか）というテーマのなかに「歌」が表現されていると考えられるのではないだろうか。

　② 聴き手の側面から
　真実を思い出し重要な内容に気づく場面においても差異がみられる。グリム童話での男性が真実を思い出す瞬間は，まさに「目覚めた」というイメージのものであり，すっかり忘れていたことを「思い出す瞬間」として印象強く描かれる。男性は普段体験しない「待つ」という経験を通じて，異質なものの力を知る。女性（男性の心の中に生きる女性性）が直接自ら試練を経験し「歌」を用いることで男性の心を取り戻すという特徴は，男性にとっては「異質」の存在である女性の「歌」を介することで自分の（男性の）無意識に沈み影になっていた部分が明るみに出ることになる。「歌」とは生身の声であり，そこにイメージできることは，抗しがたい魅惑に満ちた異質性であり，見方を変えれば固くなった一面的な心の部分に柔軟性や豊かさを与える異質性でもある。それは忘れていた（心の）部分と繋がりなおしていくことであり，心の中で影となっていた側面に陽があたることで影の存在が明確になることでもある。そしてその影が明確になったことで，はじめて自分の心の目が届く位置にその存在がしっかりと根づくことになる。このようにしてグリム童話に登場した男女は変容を遂げ心の発達や人としての成長を見出していく。

　一方日本の昔話では，女性たちが気づいた瞬間について明確に描写（表現）されていない。例えば，「桃売り聟」では娘が男性の数え歌を聴いたと

いう明確な描写はないが，物語の読み手に聴こえたことを想像させている。その状況について「嬢さんの，中で，えへんえへんと笑わっしゃった」と描写されている。「死んだ娘」では，娘が男の労働歌を聴いた後（ここでも聴いたという明確な描写はない），「いま私が生きているのはあなたのおかげだから，私はどうしてもあなたの妻になりたい」と宣言し二人は夫婦となる。日本の昔話における女性の聴き手は，自分が努力をした後は，男性が来ること，「とき」がくることを見守り待つのである。日本人の女性像，あるいは日本人の自我像について，河合（1982）は「耐える生き方を経験した後に，反転して極めて積極的となる」と述べている。このように女性の聴き手は，日本の昔話に登場するもともとの女性の姿のイメージに重なる部分がある。この点からも男女ともに目に見える形で努力をし，共に参加している点から性役割が明確に区別されていないといえる。

　また，日本の昔話に登場する歌の詠み合い（掛け合い）の表現は歌い手と聴き手の特徴についての考えを進める上で参考になるところがある。それは，グリム童話に登場した歌も韻を踏んだ枠（形式）により感情を吐露する性質であったが，グリム童話では男女が歌を詠み掛け合うという表現は見られず，この「詠み合う」形態は，日本の昔話独自の特徴だといえる点である。これまでに提示した物語では，女性の単独の韻を踏んだ歌となっているが，日本の昔話には単独の歌，詠み合った歌が共に存在している。厳密に言えば，日本の昔話には和歌文化が反映されており男女の婚姻に関わるテーマ以外にも人間の知恵の働きを表現するために歌の詠み合いは登場する。だが，ここでは異質性のものの繋がりをテーマにした歌に焦点をあてて考えている。歌を掛け合うという形で男女ともに関わりながら混ざり合っている点は，日本の昔話における歌い手と聴き手における特徴である。歌い手と聴き手は対等に力を出し合い，わけあっている。この点も，担い手における明確な性別役割が見受けられない特色に関連すると考えられる。日本の昔話に登場した男女は，「枠」の守りをもとに，「歌」によって感情表現を与え，同時

に与えられながら人間としての変容や心の発達を遂げていく。

③ 歌い手と聴き手における相違

　以上の内容から両物語について考察してみると，登場人物たち（その心）は，「歌」を通じて普段は意識化することのない心の一側面を知ることになるのではないかと考えられる。本来，人間が変容を遂げる際の契機となるのは「歌」だけではない。だが歌い手と聴き手に明確な性差や特徴があることから，その違いに意味はあると考えられる。グリム童話においては，女性の忍耐強い積極的な力や行動力があり，男性が相手を待つことの重要性を知る。他方，日本の昔話においては男女の力が入り混じり合いながら，受動性のなかに存在する男性の積極性という力があり，女性が待つ立場を経験する。そして，これらの内容から次のことが考えられる。グリム童話において，何か変化を起こすとき，働きかけていく能動性において男性は武器を使用する。だが女性が状況を変え，変革を起こすとき「武器」ではなく「歌」を用いているのではないだろうか。ここでは男性とは異なり，闘うことなく，また傷つけることもない。また女性が用いうる「歌」は敵なるものや障害となるもの，影となっていたものと折り合いをつける形で，個性化のプロセスを推進する力として描写されているのではないだろうか。一方，日本の昔話の場合は男女共に状況の変化を起こす表現方法として「歌」を用いうるのであり，そこに両性具有的ともいえる特徴をもっていると考えられる。男女いずれもが表現しうるものとして「歌」という形での個性化のプロセスが描かれている。

　両物語における歌い手と聴き手における性差の対照性と，担い手の特徴そのものの相違は，第4章で論じた「歌の共通性（本質）」を土台としながらも，それぞれの重要な文化的要素が，歌の担い手（歌い手・聴き手）における相違点として物語の中で表現されたと考えられる。

2. 心理臨床における語りの相違点検討への試み

　以上の考察からグリム童話と日本の昔話における「歌」の相違点が明らかになった。それは，これまで何度か取り上げてきたが，グリム童話においては「歌い手・聴き手」の役割が性差によって明確であること，ひいては現実世界と内界の境界が明確であることを意味していた点である。同時に，日本の昔話では「歌い手・聴き手」の歌の特徴が両性具有的であり，また歌の機能に多様性がみられ，ひいては現実世界と内界の境界が明確に区別はされていない状態，人と自然，ありとあらゆる生きものとが調和した状態にあると考えられた点である。

　物語の中で心のテーマが表現されるときある程度の意識化が伴うのだとすれば，それぞれの民族の意識構造，文化，ひいては個人の在り方までに及ぶ特徴が「相違点」として表れると考察することができる。「歌」の表現ひとつを取り出してもいえることである。このように考えていくと，心理臨床の場における西洋と日本の語りについても差異が見出されるのではないかと考えられる。

　第4章にて歌の共通性（本質）について考察した際，「歌」は言葉になる以前の心の表現であり，言葉になる前の言葉，意識のコントロールが弱まった状況に生まれた感情の高ぶりでもあるということを述べた。「語り」や「歌」「歌うこと」に関して言えば，西洋では心の声を露呈することはほとんどなく，各個人にとって重要な心の要素が言葉となる状態まで育てられたとき「語り」や「歌」が生じるのだと推察できる。一方，日本では言葉になる以前の輪郭がつけられない気持ちについても「語り」や「歌」として表現することができる。

　さらには西洋と日本の「言葉・語り」，象徴化された「歌」による明確な葛藤の表現，その解決の仕方，及びクライエントとセラピストの「関係性」

における相違点が表れていることも理解できる。坂部（1989）は日本語と西洋語の差異について「主—客，自—他等の区別が外延的排他的な体験層をより多く排出する西欧語と，主—客，自—他等の区別のまだ定かでない原初的な体験層により多く定位して，そうした体験層と日常のより分節化の進んだ体験層との連続性を表出するに適した日本語の表現のちがい」と指摘する。この指摘をふまえて考えると，日本語は状況によっては自己と他者の分離以前，つまり人称的な限定や区別を超えて多層的な領域（心の空間）から語られるとも考えられる。また，自己と他者の間に「歌」を介することは，二者関係を明確にするだけではなく，三者関係を生み出していることにもなる。この「歌」の「節」（韻を踏むことを含む）そのものが枠となり，個人的な内容だけではなく，そこに普遍化という安全の枠組みを作ることともなる。「歌」が中間に入った三者構造は，自己と他者との連続性に輪郭を与える役割を果たす。

　心理臨床の過程では，西洋人の場合，語り手は言葉に明確な意味をもたせ語り，その語りを聴き手は明確に受け取ることと，一方，日本人の場合，語り手はぼんやりとした全体の中に言葉を浮かばせ，漂う感覚を維持しながら語り，聴き手はその語りをあえて明確にしなくとも受け取ると考えられるのではないだろうか。「語り」や「歌」は，ひとりの心の領域の一か所に留まることがなく，また閉じこもることもない自己と他者のなかで存在すると考えることができる。

　同時に「関係性」において述べると，西洋においては自己と他者，すなわちクライエントとセラピストとの境界が明確であり，確立された「自我」と「自我」が向かい合う関係性だと推察できる。一方，日本においては，あらゆる立場の者（あらゆる状況を生きる者）が共存しており，他者との（内界の）境界を明確にせず，他者に開かれている状態を維持する関係性だと考えられる。つまり，それは他者との一体感や調和の中でセラピーが展開するのではないかとも推察される。以上のように心理臨床における西洋人と日本人の関

係性についての相違は他者との相互作用，もしくは相互に主体的な関係性が育まれる状況において独自ともいえる特徴を生み出す。その過程を通じて，私が私となり，私が私らしさを見出し，他者が他者となり，共に共生し「相互」の関係となるのではないかと考えられる。

　しかし，以上に述べてきた西洋人と日本人における「語り」「歌」，及び「関係性」の相違について検討するためには，より多くの臨床経験が必要である。心理臨床の場における西洋人と日本人にとって象徴としての「歌うこと・聴くこと」，心の中の「歌い手・聴き手」の特徴や相違点の可能性について検討することは，今後も長い時間をかけて取り組むべき課題だと考える。

結　　論

　本研究では，おとぎ話における音や音楽に纏わる意味と人間の心性（心の変容と成長）との関わりを検討するために音や音楽を物語の中から取り出し分析・考察を行った。だが本来，音や音楽はその物語の全体のなかのひとつの側面として紡ぎ出されたものである。このことは心に留めておかれるべきであろう。

　本研究ではグリム童話と日本の昔話に登場した音や音楽，なかでも「歌」について着目してきた。その結果，「歌」を通じて，個々人がいつもは意識することのない心の一側面を知り，自らの心に繋ぎ合わせ，人として変容し成長することにもつながると考えられた。両物語の共通性として，おとぎ話に登場した歌はある状況においては，歌詞（言葉）だけでも事実内容は明らかだが，歌の言葉の内容だけではなく「いかにして歌われたか」が重要だということがわかった。そして心理臨床において転換点となるような時に語られる言葉は，限りなく物語の中の歌の機能に近づくのではないかと考えられた。また同時に「いかにして聴き手となるか」ということの重要性を心理療法のクライエントとセラピストの相互作用と関連づけて考察した。心理臨床における相互作用を検討していくうえで，本研究で考察してきた「心の中の歌い手と聴き手」という視点もまた新たな示唆を与えてくれるのではないかと考えられた。

　一方，歌の本質を土台としながらも両物語において相違点が見出された。それは物語が重要な内容を思い出し真実に気づくという同じ結末を迎えるとしても，「歌い手と聴き手」の性差が対照的であることだった。さらに重要な点は，性役割が対照になっているにとどまらず，担い手（歌い手・聴き手）そのものの特徴に顕著な差異がみられることである。

また，この歌の「歌い手・聴き手」と「機能」の相違点は心理臨床においても反映されているのではないかと考えられた。それは人間の心の葛藤や課題の克服の仕方の相違としても捉えられた。西洋人は，言葉に明確な意味をもたせ，確立された自我によりクライエントとセラピストの境界や関係性，あるいは外界と内界の区別も明確である。日本人は，必ずしも言葉に明確な意味をもたせなくとも，言語以前の感情について察することが重要なのではないかと推察された。また日本人の場合，他者に開かれた自我によってクライエントとセラピストの境界や関係性，外界と内界（意識と無意識）の境界が曖昧なままとも考えられるが，それはその特徴として，しっかり存在していると考えられた。

　以上のように考察すると「歌」の共通性と相違点は次のように捉えることができる。「歌」あるいは「歌うこと」の本質が心の深層に存在しており（共通性），外界に向けて表現されるとき，すなわち意識化（言語化）されるときには相違点として現れるのではないかという点である。現実の世界のなかで心の重要な思いが表現されるためには意識化を伴い，その表現が歌的な要素を含む場合は「現実」と「心の中」の両方に歌い手と聴き手を必要とする。この二者は向かい合うクライエントとセラピストを意味する。二者の心の中に存在する歌い手と聴き手である。歌い手と聴き手の関係性では，現実の他者に向かって歌い，歌を受け止めてもらう体験が必要である。それと同時に，心の中の歌い手と聴き手は一人ひとりの心に存在し，自分の「心の中の歌い手」が，自分の「心の中の聴き手」に向かって歌い，歌にこめられた思いを自身の心の中の聴き手によって受け止めることが重要であると考えられる。これらの考察点について，今後の課題は，心理臨床の場を通して象徴としての「人が歌うこと」「日本人として歌うこと」にはどのような特徴や意味があるのか，さらには日本人の心の中に生きる「歌い手と聴き手」という視点の可能性として検討していくことだと考えられた。

資　　料

〈グリム童話において明確な役割を担ったと考えられる音や音楽が登場した物語一覧〉

金田鬼一訳（1979）完訳　グリム童話集　岩波文庫より

蛙の王さま（KHM1）
蛙の王子（KHM1-イ）
こわがることをおぼえるために旅に出かけた男の話（KHM4）
奇妙の楽人（KHM8）
ながい鼻
兄と妹（KHM11）
野ぢしゃ（ラプンツェル）（KHM12）
ヘンゼルとグレーテル（KHM15）
白へび（KHM17）
唄をうたう骨（KHM28）
三いろの言葉（KHM33）
おぜんと驢馬とこん棒
まほうをつかう一寸法師（KHM39）
強盗のむすこさん（KHM40）
おやゆび太郎，修行の旅あるき（KHM45）
人ごろし城
柏槇の話（KHM47）
つぐみひげの王さま（KHM52）
背嚢と帽子と角ぶえ（KHM54）
恋人ローランド（KHM56）
黄金の鳥（KHM57）
ヨリンデとヨリンゲル（KHM69）
かほうにくるまったハンス（KHM83）
なきながらぴょんぴょん跳ぶひばり（KHM88）
地もぐり一寸ぼうし（第一話）（KHM91）
地もぐり一寸ぼうし（第二話）
三人姉妹
おおがらす（KHM93）
ヒルデブラントおじい（KHM95）
三羽の小鳥（KHM96）

悪魔のすすだらけな兄弟ぶん（KHM100）
熊の皮をきた男（KHM101）
夏に庭と冬に庭の話（KHM101イ）
みそさざいと熊（KHM102）
かわいそうな粉ひきの若いものと子猫（KHM106）
旅あるきの二人の職人（KHM107）
ハンスぼっちゃんはりねずみ（KHM108）
いばらのなかのユダヤ人（KHM110）
ちえのあるちびっこのしたてやさんの話（KHM114）
こわいものないの王子（KHM121）
キャベツろば（KHM122）
実意ありフェレナンドと実意なしフェレナンド（KHM126）
鉄のストーブ（KHM127）
一つ目，二つ目，三つ目（KHM130）
ランプとゆびわ
おどりぬいてほろほろになる靴（KHM133）
六人のけらい（KHM134）
まっくろけな三人のおひめさま（KHM137）
ブラーケルの小娘（KHM139）
小羊と小ざかな（KHM141）
白鳥王子
ろばの若さま（KHM144）
兵隊と指物師
雪白と薔薇紅（KHM161）
ガラスのひつぎ（KHM163）
怪鳥グライフ（KHM165）
強力ハンス（KHM166）
みそさざい（KHM171）
憂悶聖女
泉のそばのがちょう番の女（KHM179）
池にすむ水の精（KHM181）
こびとのおかいもの（KHM182）
ほんとうのおよめさん（KHM186）

つむと梭とぬいばり（KHM188）
たいこたたき（KHM193）
どまんじゅう（KHM195）
マレーン姫（KHM198）
十二使徒（KHM202）
貧窮と謙遜は天国へ行く路（KHM204）
恩を忘れない亡者と奴隷からすくわれた王女（KHM217）
貞女（KHM218）

〈日本の昔話において明確な役割を担ったと考えられる音・音楽が登場した物語一覧〉

関敬吾（1978〜1980）日本昔話大成　全12巻　角川書店より

ホーラのマーヤ（二七 A）
雀の仇討ち（二九）
田螺と鳥の歌問答（四四）
蛇女房（一一〇）
蛙女房（一一一）
竜宮女房（一一四）
狐女房（一一六 A）
天人女房（一一八）
笛吹聟（一一九）
桃売聟（一二〇 A）
蜂の援助（一二七）
娘の助言（一二八）
山田白滝（一三三）
田螺息子（一三四）
瓜子織姫（一四四 A）
奈良梨採り（一七六）
蛇女退治（一七七）
姉と弟（一八〇）
地蔵浄土（一八四）
鼠の餅つき（一八五）
雁取り爺（一八七）
歌うたい爺（一八八）
竹伐り爺（一八九）
舌切り雀（一九一）
瘤取り（一九四）
正直爺と欲爺の話（二〇四 A／二〇五 A）
娘と田螺（二〇六）
お銀小銀（二〇七）
鉢かつぎ（二一〇）
継子の苺拾い（二一三）

七羽の白鳥（二一四）
継子と鳥（二一六）
京上り（二一七）
歌い骸骨（二一八）
竜宮童子（二二三）
浦島太郎（二二四）
河童の文使い（二二五）
猫檀家（二三〇）
伊勢参り猫（二三二 A）
三枚の護符（二四〇）
アサナローの花（二四七 B）
鬼の姉（二四九）
唄を歌った猫（二五六）
猿神退治（三五六）
猿の経立（二五七）
化物寺（二五九）
蟹問答（二六一）
庄屋殿と鬼六マァ（二六三）
草津の乳母餅（二六四）
目一つ五郎（二六七）
蜘蛛おなご（二六九）
山伏狐（二七五 A）
迷信話（二七五 B）
狐の立聞き（二七八）
狐とぼさま（二七九）
狐の嫁取り（二八五）
大蛇退治（本格昔話 一A）
養子と大蛇（一B）
大飯食いと山神講（一C）
山男の手袋（四）
月見草の嫁（八）
太陽の三本の毛（九）
小蛇の約束（一七）

木仏と金仏（三二）
死んだ娘（三七）
生きかえった人（四一）
長良の人柱（四六）
鶴亀の歌（三五九）
掻くための爪（三七一）
別れの歌（三七三）
ほれ薬（三九一）
歌と幽霊（四〇〇）
住持は四つ（四九八）
いうたいわれぬ（四九九）
リンの歌（五〇〇）
切りたくもなし（五〇一）
和尚と小僧（五〇二）
侍と馬子（五一一）
西行と小僧（五二七）
西行と女（五二八）
焼き餅（五三三）
小僧改名（五三四）
餅は本尊様（五三五）
小僧，枇杷を食う（五三六）
鼻欠けの歌（六〇八）

〈第4章・第5章でとりあげた物語全文〉

金田鬼一訳（1979）完訳　グリム童話集　岩波文庫より

『**たいこたたき**』（KHM193）

　ある晩のこと，齢のいかない太鼓たたきがたったひとりぼっちで野原をあるいていましたが，とある湖水の岸に出ると，白い亜麻の布が三枚おいてあるのが目につきました。

　「なんてえ上等な麻だろ！」

　こう言って，たいこたたきは，それを一枚，かくしへおしこみました。うちへかえると，ひろったもののことはそれぎり考えもしず，寝床へ横になりました。ところが，いざ寝つこうとするときに，だれだか，自分の名を呼ぶものがあるような気がしました。耳をすませてよくきくと，

　「たいこたたきや，たいこたたき，目をさましてよ」という，蚊のなくような声がききとれました。まっくらやみの晩だったので，だれも見えないのですが，なんだか人の形をしたものが，寝台の前を，ふわりふわり，あっちこっちへ行ったり来たりしているような気がしました。

　「なにか用事があるのかい」と，たいこたたきが，きいてみました。

　「わたくしの襦袢，をかえしてちょうだいね」と，さきほどの声が返事をしました，「あなたが宵のくちに湖の岸で取っていらしった，あれね」

　「かえしてあげるとも」と，たいこたたきが言いました，「おまえが，なにものだか，そいつをわたしにきかせてくれたらね」

　「申すも涙のたねながら」と，声が折りかえしてこたえました，「わたくしは，日の出の勢のある国王の娘。けれども，魔ほうつかいの女の妖術におちいって，今はガラス山の上に封じこめられている身です。毎日女きょうだいふたりと，あの湖で行水をつかうことになっているのですが，じゅばんがなくては，飛びかえることがかなわず，姉妹は行ってしまいましたけれど，わたくしは，あとにのこらなければなりませんでした，後生一生のおねがいです，わたくしの襦袢をおかえしくださいまし」

　「安心しといで！かわいそうに」と，たいこたたきが言いました，「かえしてあげなくってどうする！」

　太鼓たたきは，かくしから襦袢をとりだして，くらやみのなかで，それを王女にわたしてやりましたが，王女があたふたとじゅばんをつかんで，そのまま立ち去ろうとするのを，

　「ちょいとお待ち！」と呼びとめました，「手をかしてあげられないこともなかろ」

「それはね，あなたがガラス山の上にのぼって，妖婆の魔力からすくいだせさえすれば，それは勿論，あなたのおかげで助けていただけますわ。けれども，かんじんのガラス山のとこへは，あなたもいらっしゃれないし，もしも，どうかしてお山のすぐ近くまで来られたとしても，お山へは登れやしないことよ」

「やろうとさえ思えば，なんでもできる」と，たいこたたきが言いました，「おまえが気のどくでならないし，それに，わたしはなんにも怖いものなし。だけれど，ガラス山だなんて，行くみちがわからないや」

「そのみちは，人喰い鬼のすんでる大きな森をとおっています。わたくしがあなたにお話しできるのは，これだけなのよ」王女はこう返事をしたかと思うと，すぐそのあとできこえたのは，しゅうしゅうと飛びさる羽音ばかりでした。

夜のあけるのを待って，太鼓たたきは旅に出ました。たいこをえりくびからぶらさげて，別にこわいとも思わず，まっすぐに人くい鬼のすんでる森へはいって行きました。しばらくあるいても，大入道は一人も見あたりません。それで，「ひとつ，寝ぼ助どもをたたきおこしてやらずばなるまい」とかんがえて，太鼓を前へまわして，どどどん，どどどんと擦り打ちをしましたら，鳥が，ぎゃあぎゃあ鳴きながら，あっちこっちの木のあいだから飛び立ちました。

まもなく，草のなかにころがってぐうぐうねていた大入道までが，むっくり起きあがったものです，その大きさは，樅の木ほどあります。

「この小僧っ子めえ，なんだって，こんなとこで太鼓なぞたたきやがって，せっかくよくねてえるおれさまをおこすだあっ」と，大入道がどなりつけました。

「おれが太鼓をたたくのはな」と，たいこたたきが返事をしました，「おれたちの同類が，あとからなん万なん十万となくやってくるで，そいつらに路を知らせるためだよ」

「そいつら，このおれさまのなわばりの森んなかで，なにをどうしようてんだ？」と，大入道がたずねました。

「きさまを退治てな，これからさき，きさまみてえな化物のいねえように，この森を掃除するのさ」

「なにを，しゃらくせえ」と，大入道が言いました，「てめえたち，蟻みてえに踏みつぶしてくれるわ」

「きさま，あいつらに，てむかいできるとでも思ってんのか」と，太鼓たたきが言いました，「きさまがな，ひとつつまもうとして屈めば，そいつはけしとんで，どこかへかくれちまうが，きさまが横になって寝たとなりゃあ，やっこさん，そこいらじゅうの藪のなかから，ぞろぞろ，ぞろぞろ出てきて，きさまのからだへはいあがる。

やつら，めいめい鋼鉄のかなづちを帯にさしているでな，寄ってたかって，きさまの脳天をぶっくだいちまうぜえ」

こう言われると，さすがの大入道も圧され気味になって，「わるぢえのあるやつらにかかりあったら，こっちの損になるかもしれん。狼や熊なら，咽でもぶっちめてくれるけんど，地虫めらを相手にしては，こりゃあ，防ぎようがあるめえ」とかんがえたもので，

「やい，豆っつぶ，あとへ引っけえしてくれ」と言いだしました，「てめえと，てめえの同類のやつらには，これからさき，きっと，どうもしねえからな。それから，ほかに，まだなにか望みがあるなら，言ってみろ，ちっとぐれえの親切はしてやるぞ」

「きさまは脚が長いな」と，たいこたたきが言いました，「だから，おれよりもはやくあるける，おれを，ガラス山へかついで行ってくれ，そうしたら，同類に退却のあいずをして，今度はやつらがきさまのじゃまをしないようにしてやる」

「きなよ，うじむし！おれさまの肩へ腰をかけろやい，どこでも行きてえとけ，ひっかついでったるわ」と，大入道が言いました。

大入道は，たいこたたきをつまみあげました。たいこたたきは肩の上で，どどどん，どどどんと，思うぞんぶんに擦りうちをはじめました。「これは，ほかのやつらに退却しろという合図なのだろう」と，大入道は，そうかんがえたのです。しばらくすると，二人めの大入道が路ばたに立ってました。これが，たいこたたきを最初の大入道からつまみとって，自分の服のボタンの穴へはさみました。たいこたたきはお料理の大皿ぐらいあるボタンをつかんで，ごしょうだいじにそれへかじりつきながら，のんきな顔をして，あたりを見まわしました。それから，三人めの大入道のところへきました。こやつは，太鼓たたきをボタンの穴からぬきだして，じぶんのかぶってる帽子のつばへのせたので，こちらは帽子の山のまわりを散歩して，木々のこずえごしにながめました。すると，青くかすんでいる遠くのほうに山が一つ見えましたので，「あれが，きっとガラス山だ」と，かんがえました。そのとおり，それがガラス山なのでした。そして，三歩四歩あるくと，もうその山のふもとに行きついてしまって，大入道は太鼓たたきをおろしました。たいこたたきは，ついでにガラス山のてっぺんまでかつぎあげてもらいたいとたのんでみましたが，大入道は頭をふって，なにか，ぶつくさ言いながら，森の中へかえって行きました。

たいこたたきは，山の前に立って途方にくれました，その山は，普通の山が三つ積みかさなったぐらいの高さで，おまけに，鏡みたようにつるつるでしたから，どうして登っていいか，まるで見当がつかないのです。のぼりかけてはみましたが，まるでむだぼねおりで，なんべんやっても，ずるずるすべり落ちるばかりでした。

「こんなときは，鳥だったらいいだろなあ！」と考えてみましたけれど，そんなことは望んでもしかたがありません。翼がはえるわけでもないのです。どうしたらいいのかわからず，ぼんやりしていると，むこうのほうでふたりの男がおおげんかをしているのが目につきました。そこへ行ってみましたら，けんかのおこりは馬の鞍だとわかりました。くらは二人の前の地べたに置いてあって，その一つしかない鞍を，どちらも自分のものにしようというのです。

　「きさまたちのばかには，つける薬がないわ，馬もいないのに，鞍の取りっこで喧嘩するなんて」と，たいこたたきが口をだしました。

　「この鞍はな，けんかしても取るねうちがあるんだ」と，その一人が言いました，「こいつへまたがって，どこへでも行ってみたいとおねがいもうしゃ，世界のはてだろうがなんだろうが，願がけのすんだとたんに，もうそこへ行きついてるんさ。くらは，ぜんたいわしら両人がもってるもので，こんどはおいらの乗る番なのに，このやろう，どうしても承知しないんだよ」

　「けんかのさばきなら，わしが，さっさとかたづけてやる」

　太鼓たたきはこう言って，すこしはなれたとこまで行って白い棒を地面へさしこみ，それからもどってくると，

　「あの目標のほうへ駈けてってごらん，あすこへ先についたものが先に乗るのさ」と言いました。

　ふたりは駈けだしましたが，二歩三歩出たか出ないうちに，たいこたたきはひらりと鞍へまたがって，ガラス山の上へ行きたいと願がけをしました。すると，手のひらをかえす間もなく，ガラス山の上にいました。

　山の上には平地がありました。その平地に古い石の家が一軒あって，その家の前にお魚の飼ってある大きな池があって，そのうしろには，まっくらな森がありました。人間も動物も見えず，それはそれは森閑としたもので，風が木々のあいだで，ざわざわ，音をたてているばかり，雲はあたまのすぐ上をながれています。たいこたたきは戸ぐちへ近寄って，とんとんとたたいてみました。三度めに，顔は渋紙いろで，目の赤いばあさんが，戸をあけてくれました。ばあさんは，長い鼻へ眼鏡をかけていて，太鼓たたきを鋭く見すえましたが，やがて，なにをしてもらいたいのかと，たずねました。

　「なかへ入れて，なにか食べさせて，泊めてください」と，たいこたたきが返事をしました。

　「おのぞみは，かなえてあげるよ」と，ばあさんが言いました，「そのお礼に，仕事を三つやってのければね」

「御念にゃおよばん，しごとなら，どんなむずかしいことだって，びくともしやしない」と，たいこたたきが言いました。

ばあさんは太鼓たたきをなかへ入れて，物をたべさせ，夜は上等なねどこをあてがいました。ぐっすり寝て，朝起きると，ばあさんは枯れえだのような指から，（ふくろになっている）指ぬきをぬきとって，

「さあ，仕事にかかった！この指ぬきで，外の池のかえぼりをするのだよ，それも，夜にならないうちにすっかりしてしまって，それから，水の中にいる魚を一ぴきのこらず種類わけにして，ちゃんと大きさの順にならべとかなくちゃいけないのだよ」と言って，それをわたしました。たいこたたきは，

「こいつは，めずらしい仕事だな」と言いながら，池へ行って，かえぼりをやりだしました。そして，午前中ぶっとおしで水を汲みだしたのですが，なにしろ，こんな大水をかいだすのに指ぬき一つが道具では，どうなるものでもありません。正午になって，太鼓たたきも，「こいつは，ほねおり損だ，働いたって働かなくったって，おんなじこった」と考えて，仕事をやめて腰をおろしました。そのとき，一人のむすめが家のなかから出て来て，食べもののはいった小かごを下において，

「あなた，ずいぶんふさぎこんでらっしゃること。どうかなすったの？」と，口をききました。

むすめをながめると，これはまた，その美しいのにびっくりしました。

「いやもう，おおよわりさ」と，たいこたたきが言いました，「いちばん初の仕事だってできやしない，あとのしごとどころのさわぎじゃないや。どこやらの王さまのお姫さんをさがしに出てきたのだけど，ここにいるはずのが，見つからないんだ，もっと行ってみることにする」

「ここにいらっしゃいよ」と，むすめが言いました，「あなたの難儀を救ってあげることよ。あなた，おつかれだわ，お頭をあたくしの膝にのせて，おやすみあそばせ。お目ざめになったときには，お仕事は，ちゃんとできあがっておりますわ」

太鼓たたきは，それこそ二つ返事で，言われるとおりにしました。その目がくっついたかとおもうと，むすめは願がけのかなう魔法の指輪をぐるりとまわして，

「水よ，あがれ，さかなよ，でてこい！」と，となえました。そのとたんに，池の水は白い霧のように上へ上へと立ちのぼって，ほかの雲といっしょになって，どこかへ流れて行ってしまいました。それから，いろいろのお魚は，水の中から跳ねあがって，岸へとびうつりさま，大きさわけ，種類わけになって，行儀よく，ずらりとならびました。

目をさましてみると，仕事がちゃんとできあがっていたので，太鼓たたきは，きも

をつぶしました。むすめは，

「このおさかなのうち，一ぴきだけ，同類のところにいないで，まるで別になってるのがあるのよ。ばあさんが今晩やってきて，自分のしろと言っただけのことが残らずしあげてあるのを見ると，この魚だけはどうしたのだ？と，ききます，そうしましたらね，このお魚を婆さんの顔へたたきつけて，くそばばあ，こいつは，きさまの分だって，おっしゃい」と言いました。

日が暮れるとばあさんがやって来ました。そして，むすめからきいていたとおりのことを言ったので，たいこたたきは，ばあさんの顔へそのお魚をたたきつけました。ばあさんは気がつかないようなふうをして，だまっていましたが，憎々しい目つきで睨みつけました。

あくる朝になると，ばあさんは，

「きのうは，なんの造作もなくやっつけちまったねえ，おまえには，もっとむずかしい仕事をあてがわずばなるまい。今日はね，この森じゅうの木を一本のこらず伐りたおして，それを薪に割って，上下四方六尺の山に積むのだよ，それも，晩にはちゃんとかたづいてなきゃ，だめだよ」と言って，斧と，槌と，それから，くさびを二ほんわたしました。けれども，おのは，鉛でした。つちとくさびは，ブリキでした。ですから，立ち木を伐りはじめましたら，斧は，ぐにゃりとまがりました。つちとくさびは，へなへなにつぶれてしまいました。

たいこたたきは途方にくれました。けれども，おひるになると，むすめが，またおべんとうをもって来て，太鼓たたきをなぐさめて，

「あたくしの膝にお頭をのせて，おやすみあそばせ，お目がさめたときには，お仕事は，ちゃんとできあがっておりますわ」と言いました。

むすめは自分のはめてる魔法の指輪をぐるりとまわしました。そのとたんに，森じゅうの木がおそろしい音をたててたおれ，たおれた木は，ひとりでに割れて薪になり，それが積みかさなって，上下四方六尺の山がいくつもできあがりました。なんのことはない，まるで目に見えない大入道が多勢がかりで仕事をやってのけたようなものです。

目がさめると，むすめが，

「ごらんのとおり，わり木は一坪づみの山になっておりますが，大枝が一ぽんだけ残っております，ばあさんが今晩やってまいって，この枝はどうするとたずねましたら，これで，ばあさんを一つぶんなぐって，これはきさまの分だ，くそばばあめって，おっしゃい」と言いました。

ばあさんがやってきて，

「それみな，なんでもない仕事だったろ！だがの，そこに残ってる枝は，だれの分だえ？」と言いました。すると，太鼓たたきは，
「きさまのぶんだい，くそばばあ！」と返事をして，その枝で，ばあさんを一つぶんなぐりました。けれども，婆さんは，さっぱり感じがないようなふうをして，せせらわらいしながら，
「あしたの朝はな，この薪をのこらずひとやまにして，火をつけて燃しちまうんだよ」と言いました。
　たいこたたきは夜のしらじらあけに起きて，薪をひとところへ運びはじめました。それでも，たった一人の人間に，どうして森じゅうの木があつめられましょう，仕事はさっぱりはかどりません。けれども，おなじみのむすめは太鼓たたきの難儀を見て見ないようなふりをすることはなく，おひるになると，食べ物をもってきました。それで，こちらも食事をすませると，むすめのひざを枕にして，ぐうぐう，ねてしまいました。そして，目をさましたときには，さしもの薪の山がおそろしい大きな一つの焰になって，そのほのおの舌は，天までとどいていました。
　「よっくきいとてちょうだいよ」と，むすめが言いました，「まほうつかいの婆さんがまいりますと，あなたにいろいろの御用をいいつけますからね，ばあさんのしろということを，なんでも，びくびくしずにやるのよ，こわがらずにやれば，あなた，どうもされやしないことよ。けれども，もしも，あなたが怖がろうものなら，火があなたをつかまえて，ぺろりと食べてしまいますよ。それから，もうひとつ，やるだけのことをみんなしてしまったら，ばあさんを両手でおさえつけて，もえてる火のまんなかへほうりこむのですよ」
　むすめは行ってしまいました。婆さんが，音もたてず，しのびよって来ました。
　「ほう，さむい寒い」と，ばあさんが言いました，「火がもえてるぞ，このくらいの火なら，ばばあのとしをくった骨も暖まって気もちがいいのう。だが，あすこに，どうしても燃えないぽっ杭があるねえ，あいつを持ちだしてきておくれな。このしごとをもう一つやったら，おまえは，天下晴れて，どこへでも行きたいところへ，かってに行くがいい。さ，威勢よく，火んなかへはいんなよ」
　たいこたたきは，おいそれと，もえさかってる焰のまんなかへとびこみました。けれども，火はどうもしず，髪の毛をやくことすらできませんでした。太鼓たたきはそのぽっ杭を外へもちだしてきて，ころがしました。ところが，それが地べたへさわったかとおもうと，杭は化けて，これまでしじゅう難儀をすくってくれていたあの美しいむすめが，目の前に立ちました。しかも，そのきている，金色に光りかがやく絹の衣裳をみて，これこそ，さがしもとめている王女だと気がつきました。

婆さんは，毒々しくわらいながら，
「おまえ，この女が手にはいったとおもうのかえ，どうして，まぁだ，まだ」と言いました。そして，王女をめがけて駈けよるなり，もうすこしでさらって行こうとしたところを，太鼓たたきが，ばあさんを両手でおさえつけ，ぐっと持ちあげて，大きな口をあいてる焰の中へほうりこみました。ほのおは，さもさも，まほうつかいの婆さんをたべる役目をおおせつかったのを喜ぶように，ばあさんのからだの上で，ぴたりと口をふさいでしまいました。
　ばあさんのかたがつくと，お姫さまは太鼓たたきをながめました。そして，これが美しい若者であるのを見もし，また，この人が命をなげだして自分を救ってくれたのだということをかんがえて，たいこたたきに手をさしのべ，
「あなたは，わたくしのために命までも投げだしてくださいました，それで，わたくしも，あなたのおためには，なんなりといたしますつもり。あなたが操をたてるとお約束なされば，わたくしは，あなたを殿御とあおぎもうしましょう。わたくしどもは，おたからに事欠くことはございませぬ，まほうつかいの婆がここにあつめておりますもので，十分でございます」と言いました。
　王女は，たいこたたきを家のなかへ案内しました。家の中には，ばあさんの宝もののいっぱいつまった錠前つきの背負いだし箱だの，ふたがあったり無かったりする四角な物入ればこだのがいくつもありました。ふたりは，黄金しろがねには手をつけず，宝石ばかり取りました。王女はこのうえもうガラス山にはいたくないというので，太鼓たたきが，
「わたしといっしょに，わたしの鞍へ腰をおかけなさい，そうすれば，鳥のように飛びおりられますよ」と言うと，王女は，
「ふるぼけた鞍なんか，いやだわ。わたくしのもってる魔法の指輪をぐるりっとまわしさえすれば，よろしいの，そういたせば，やしきへまいれますのよ」と言いました。
「けっこう，けっこう！」と，たいこたたきがこたえました，「都の御門の外へ行かれるように願がけをしてください」
　あっという間に，ふたりは望んだ場所に行っていました。すると，太鼓たたきは，
「わたしは，さきに両親のとこへ行って知らせてきたいのです，この原で待っててください，じきにもどってきますよ」と言いだしました。
「まあ，いやぁねえ」と，王女が言いました，「ごしょうですからねえ，あなた，お気をおつけあそばして，おうちへお着きのときに，御両親の右のお頰に接吻をあそばさないようになすってくださいまし。もしも，そうあそばしますと，あなたは今まで

のことをみんなお忘れになって，わたくしはいつまでもこの原に，たったひとりぼっちでお待ちしていることになりますからね」
「どうして，あなたを忘れることができましょう」
太鼓たたきは，ほんとうにすぐ戻ってくるからと，王女の手をにぎって，かたくちかいました。
たいこたたきがお父さんの家へはいったばかりのときは，どこの人だか，だれにもわかりませんでした。それほどようすがかわっていたのですが，なにしろ，ガラス山ですごしたたった三日という日が，三年という長い歳月であったのですから，無理もありません。そこで，じぶんはむすこに相違ないというしょうこをだしてみせると，両親は，うれしまぎれに，せがれの頸へかじりついたものです。むすこも，わくわくして，むすめの言ったことも思いださず，両親のりょうほうの頬っぺたに接吻しました。ところが，ふたりの右のほっぺたに接吻をすませると，王女のことは，まるで考えないようになり，かくしをはたいて，ばかに大きな宝石をざくざくつかみだして，つくえの上におきました。
両親は，このおたからをどうしていいかわからず，おとうさんは，りっぱなお城をこしらえました。お城は，花畑や，果樹ばたけや，野菜畑や，森や，牧場にとりかこまれていて，殿さまのおすまいにしてもいいようなものでした。そのお城ができあがると，おかあさんが，
「おまえに，いいむすめさんをさがしておいた，三日たったら御婚礼ですよ」と言いました。むすこは，ふたおやの望むことなら，なんでもそれでいいことにしておきました。
王女は，お気のどくに，ながいこと都の郊外に立って若もののもどるのを待っていましたが，日が暮れると，「きっと，御両親の右のおほおに接吻なすって，わたくしを忘れておしまいになったにちがいないわ」と言いました。王女は悲しくって悲しくってならず，まほうの指輪に願がけをして，森の中の一軒家へとじこもったまま，二度とおとうさまの御殿へかえるつもりはありませんでした。王女は毎晩都へ行って，太鼓たたきの家のわきをとおってみました。そのとき，若ものは王女にあうこともありましたが，もう，王女の顔がわからないようになっていました。そのうちに，
「あしたは，あのむすこさんのおよめどりがあるのだよ」と，みんながそんなうわさをしているのが耳にはいったので，王女は，「あのかたのお心をとりもどせるかどうか，やるだけはやってみましょう」と言いました。
御婚礼の第一日のおいわい日に，王女は，まほうの指輪をぐるりとまわして，「お日さまのようにかがやく衣裳を！」と，となえました。そうすると，すぐさま，その

とおりの衣裳が目のまえに出てきました。衣裳は，まるでお日さまの光の線ばかりで織ってでもあるように，きらきら，きらきら，光りかがやいています。お客さまが一人のこらず集ってから，王女が大広間へはいると，この衣裳の美しさにおどろかないものはありませんでしたが，いちばんおどろいたのは，花嫁さんで，これはまた，うつくしきものに目のない人でしたから，その知らない女の人のところへ，つかつかと行って，その衣裳を自分に売ってくれないかと，きいてみました。

「お金をいただくわけにはまいりませんが」と，王女が返事をしました，「おむこさまのおやすみになるお部屋の戸の外に，今夜わたくしが侍っておりますことをおゆるしくださいますれば，これは無代でさしあげます」

花嫁さんは，衣裳があきらめられず，このたのみを承知はしましたが，おむこさんの寝酒のなかへ，ねむりぐすりをまぜておきましたので，薬のききめで，おむこさんは，正体なくねこんでしまいました。あたりがひっそりとしてしまうと，王女は寝間の戸の外にうずくまって，戸を細目にあけ，

「たいこたたきや，たいこたたき，あたしの言うこと，よくおきき！
あたしをすっかり忘れたの？
ガラス山では，あたしのそばにいたではないの？
魔女のたたれる玉の緒を，あたしがつないであげたじゃないの？
操をたてると，あたしにお手々をだしたじゃないの？
たいこたたきや，たいこたたき，あたしの言うこと，よくおきき！」

と，おへやのなかへ呼びかけました。けれども，こんなことはなんにもなりません，太鼓たたきは目をさまさないのです。それで，夜が明けると，王女は，ほねおり損のくたびれもうけで，否応なしに，すごすごたちさりました。

二日めの晩には，王女は，まほうのゆびわをぐるりとまわして，「お月さまのような銀の衣裳を！」と，となえました。

お月さまの光のように，それはそれは和やかにかがやく衣裳をつけて，王女がおいわいの席にあらわれると，花よめさんは，またその衣裳がほしくってたまらなくなりました。それで，王女は，二晩めにも寝間の戸の外にいてよろしいというお許しをいただいて，そのかわりにその衣裳を花よめさんにあげました。そして，夜がしんしんと更けわたるころ，王女は，

「たいこたたきや，たいこたたき，あたしの言うことよくおきき！

あたしをすっかり忘れたの？
　　ガラス山では，あたしのそばにいたではないの？
　　魔女にたたれる玉の緒を，あたしがつないであげたじゃないの？
　　操をたてると，あたしにお手々をだしたじゃないの？
　　たいこたたきや，たいこたたき，あたしの言うこと，よくおきき！」

　と呼びかけました。けれども，太鼓たたきは催眠薬でしびれていますから，こんなことではおこされません。しおしおとして，王女はあくる朝，森の一つ家へかえって行きました。ところが，そこに使われている者たちは，どこの誰だか知らないむすめのなげくのをちゃんと聞いていて，そのことをおむこさんに話したうえ，あなたにその嘆きがちっとでもききとれなかったのは，あなたの召しあがるぶどう酒のなかに眠り薬が入れてあるからですと，つけくわえました。

　三晩めには，王女は魔法の指輪をぐるりとまわして，「お星さまのように，きらきら光る衣裳を！」と，となえました。この衣裳を身につけて，王女がお祝の席へ顔をだしましたら，これまでのはてんで，脚もとへもおよばないその美しさに，花嫁さんは魂も身にそわず，

　「これは，わたしが着るにきまったもの，なんとしても手に入れなくては」と，口ばしりました。

　むすめは，この衣裳も，これまでのとおなじように，その晩おむこさんのお部屋の戸の外で夜あかしをしてよろしいというお許しとひきかえに，花嫁さんにあげてしまいました。ところが，おむこさんのほうでは，その晩は，寝るまえに出されたぶどう酒を，自分は飲まずに，寝台のうしろへこぼしてしまったのです。そのうちに家じゅうがひっそりとすると，自分に呼びかけて，

　「たいこたたきや，たいこたたき，あたしの言うこと，よくおきき！
　　あたしをすっかり忘れたの？
　　ガラス山では，あたしのそばにいたではないの？
　　魔女にたたれる玉の緒を，あたしがつないであげたじゃないの？
　　操をたてると，あたしにお手々をだしたじゃないの？
　　たいこたたきや，たいこたたき，あたしの言うこと，よくおきき！」

　と歌う声が，おむこさんにきこえました。すると，にわかに昔のことがおもいだされました。

「とんでもないこった！」と，おむこさんが大きな声をしました，「どうして，わしに，こんな不誠実なことができたのだろう，そうだっ！あの接吻だ，うれしまぎれに，おとうさんとおかあさんの右の頬っぺたへしたキスの所為で，こんなことになったのだ，あの接吻が，わしのあたまを，すっかりばかにしてしまったのだ」

たいこたたきは，寝床から跳ね起きるや，王女の手をとって，お父さんとお母さんの寝台のとこへつれて行きました。

「これが，わたくしのほんとうの嫁です」と，むすこが言いました，「もしも，別の女をもらえば，わたくしは，とんでもないまちがいをしでかすところでした」

両親は事のいきさつをくわしくきいて，むすこの言うことに賛成しました。そこで，大広間にまた燈火がつけられました。鍋太鼓やラッパがもちこまれました。お友だちや親戚の人たちがもう一ぺんまねかれました。そして，ほんとうの御婚礼がおめでたく祝われました。

最初の花よめさんは，損害の賠償として例のうつくしい衣裳を三かさねとももらっておくことになって，それで満足しました。

『白鳥王子』

むかし，一人の女の子が，たったひとりぽっちで，どこやらの大きな森のまん中にいました。そこへ白鳥が一羽，女の子をめがけてつかつかとやってきました。白鳥は麻糸のたまを一つもっていて，

「わたしはほんとうの白鳥ではない，魔法をかけられてる王子です。あなたがこの糸だまをほごして，わたしが糸のさきをくわえて飛んで行けるようにしてくれれば，わたしは，あなたに救いだしてもらえるのです。ですがね，糸を切らないように用心してください，もしも糸がきれようもんなら，わたしは自分の王国まで行かれず，救いだされないのです。そのかわり，糸だまをすっかりほごしてくれたら，あなたは，わたしのおよめさんだ」と言いました。

女の子は糸だまをうけとりました。白鳥は空へまいあがって，糸は，するする，するする，ほごれました。女の子は一日じゅう糸をほごしていましたが，日がくれて，もう糸がおしまいになりかかったとおもうと，それがまた運わるく，からたちにひっかかって，ぷつりと切れました。

女の子は，がっかりして，泣きだしました。時は，真夜なかになりかかっています，森のなかでごうごう鳴っている風の音をきくと，女の子はもう気が気でなく，いちもくさんにどんどんかけだしました。それから，駈けて駈けて，かけとおしたあげ

く，小さなあかりが見えました。そばへ行ってみると，人の家です。女の子は，とんとんと戸をたたきました。

しなびたおばあさんが出てきました。おばあさんは，女の子が一人で戸の外にいたのを見て，へんにおもいました，

「おやまあ，かわいそうに！いまじぶん，どこから来たの？」

「おねがいですから，今夜とめてね」と，女の子が言いました，「あたし，森んなかで，まいごになったの。それから，パンを，ぽっちりいただかせてね」

「むずかしいことだねえ」と，おばあさんが言いました，「あたしはなんでもしてあげたいのだけど，あるじが人喰い鬼でね，おまえさんを見つけようもんなら，あたまからむしゃむしゃやっちまうよ，なさけ容赦なんかありゃしないやゎね。と言って，外にいれば，けだものにたべられちまうし。ま，うまくいくかどうか，やってみるとしようよ」

おばあさんは，女の子をうちへ入れました。それから，パンをすこし食べさせてから，寝台の下へかくしました。人くい鬼がうちへかえってくるのは，いつでも，太陽が沈みきって真夜なかになる前で，朝は，日の昇らないうちに出かけて行くのです。

さほどたたないうちに，人くい鬼がはいってきました。

「くさいぞ，くさいぞ，人間の肉くさいぞ」と言いながら，人くい鬼はお部屋をさがしていましたが，しまいに，とうとうねだいの下へまで手を突っこんで，女の子をひっぱりだしました，

「いよう，こいつは，ごちそうだわい」

そういうのを，おかみさんはいっしょうめんめいに命乞いをして，やっとのことで，今夜ひと晩だけ生かしておいて，明日になってから朝ごはんにたべると，約束させました。けれども，日の出まえに，おばあさんは女の子をおこしてやりました，

「さ，だんなさんが目をさまさないうちに，いそいで，逃げておしまい！あたしがおまえさんに，かわいらしい黄金の糸くりぐるまをあげる，だいじにしておくのだよ。あたしの名は，太陽だよ」

女の子はそこを出て，日が暮れてから一軒の家につきました。ここも，なにからなにまで前の晩とおんなじでした。ふたりめのおばあさんは，わかれぎわに黄金の紡錘をくれて，

「あたしの名は，月だよ」と言いました。

三晩めには三軒めの家に行きました。ここでは，おばあさんが黄金の糸まきぐるまをくれて，「あたしの名は，星だよ。それから，白鳥王子はね，糸はのこらずほごれきりはしなかったけれども，それでも，自分の国までは行くことができて，今では王

さまになって，およめさんをもらって，ガラス山の上で，すばらしいくらしをしているよ。おまえさんは，今晩そこへ行くことになるのだがね。竜とライオンとがねころんで，見はり番をしている。だからね，このパンと，この豚のあぶらみをもっていって，竜とライオンをてなずけるのだよ」と言いました。

　おばあさんの言ったとおりでした。女の子は，おそろしいけだものたちの大きな口へパンと豚の脂肉をほうりこみました，そうすると，二ひきとも道をとおしてくれました。女の子はお城の門のそばまで行きましたけれども，かんじんのお城のかまえうちへは，門番たちが入れてくれません。しかたがないので，女の子は門の前にすわりこんで，もってきた黄金の糸くり車で糸をつむぎはじめました。それを，おきさきが上から見て，うつくしい糸くりぐるまが気にいったものですから，じぶんでおりてきて，そのどうぐをねだりました。

　これはさしあげますが，そのかわり，わたくしが王さまのお寝間のお次室で一晩だけすごすことをおゆるしくださいまし。女の子がこうもうしでると，おきさきはそれをゆるして，女の子はお城へつれこまれました。このお部屋で口をきけば，一から十までお寝間へきこえるのでした。

　いよいよ夜になって，王さまが寝どこへはいると，女の子は，

「白鳥王さま，わすれちゃいやよ，
　ユーリアは，あなたのいいなずけ，
　お日さまも，お月も，星も，命の関をとおりぬけ，
　獅子も，みずちもおそれぬユーリア。
　白鳥王さま，これでもお目がさめないの？」

と，うたいました。

　けれども，王さまにはきこえませんでした。わるぢえのあるおきさきが，女の子のことを心配して王さまにねむりぐすりをのませたので，王さまは正体もなくねむりほうけて，女の子が自分の前にいたのに，王さまにはその言ったことがきこえなかったのです。

　朝になると，なにもかも水のあわで，女の子は否応なしにまた門の外へつきだされました。それで，そこへぺったりすわりこんで，もってきた紡錘で糸をとっていると，また，これがおきさきのお気にめしました。女の子は，王さまのおねまのお次室でひと晩夜あかしをしてもいいという，前の晩とおんなじとりきめで，つむをおきさきにあげました。

女の子のうたは，まえの晩とおんなじです。

「白鳥王さま，わすれちゃいやよ，
　ユーリアは，あなたのいいなずけ，
　お日さまも，お月も，星も，命の関をとおりぬけ，
　獅子も，みずちもおそれぬユーリア。
　白鳥王さま，これでもお目がさめないの？」

けれども，王さまは眠りぐすりをのまされたので，今夜もまた，ぐうぐうねています。ですから，女の子は，つむも，むだになくしたことになりました。
　三日めの朝は，黄金の糸まきぐるまをもちだして，門の前にすわりこんで，糸をまいていました。おきさきはこのおたからもほしくなって，それをよこせば，もうひと晩お寝間のおつぎにいてもいい，と言いだしたものです。
　ところが，女の子のほうもだまされたことに気がついて，今夜はいつもとちがう飲みものをあげてくださいと，王さまのごけらいにたのみました。そうしておいて，もう一度おんなじうたをうたいました。

「白鳥王さま，わすれちゃいやよ，
　ユーリアは，あなたのいいなずけ，
　お日さまも，お月も，星も，命の関をとおりぬけ，
　獅子も，みずちもおそれぬユーリア。
　白鳥王さま，これでもお目がさめないの？」

　この声がきこえると，王さまは目をさましました。そして，こえのぬしがだれだかはっきりわかったので，
　「なくなした鍵がでてきたとすると，とっておくのは，ふるいほうだろうか，それとも新規にこしらえたほうだろうか」と，おきさきにきいてみました。
　「それは，ふるいほうにきまっておりますわ」と，おきさきが返事をしました。
　「よしよし，そうするとだね，あなたは，このうえもう，きさきになっておるわけにいかん，わしのはじめの嫁がでてまいったのでな」
　こんなわけで，あくる朝になると，おきさきは，いやもおうもなくおとうさまのところへかえりましたし，王さまは，ほんとうの花嫁さまをもらって，ふたりは，死ぬまでになに不足なくくらしました。

『桃売り聟』

　むかしあったげな。

　ずうっと，ここの方じゃあないだけん（ないのだから），吉田の綿屋（島根県飯石郡吉田村の資産家，田部家のこと）みたいな，たいしただんなさんがああ（ある）。そこに嬢さんのおらっしゃった。

　その嬢さんの参宮（伊勢参り）に出さっしゃって，宿で泊まらっしゃった（お泊まりになった）。そこい，また，どこからござっしゃったやら，若だんなさんが泊まっちょらっしゃったと。そこで見そめて，たいしたええにようば（娘）さんだいいて，かあ（それから），そげしちょったら，にげさっしゃあ（お帰りになる）ときに，「おまいさんはどこだか」いいてもいわっしゃらんだって。から，けえ，朝ま起きてみたら，いつ逃げさっしゃっただやらわからんやに逃げちょらっしゃったげで。へえから（それから），そこに起きてみたら，ちゃんと白紙の上に，糸と針とその上へちゃんと乗せてあって，「はてな，こりゃなんぞさとれいいことだが」と考えて，どげえいいことだらかと思ったら，針がこう紙の上にあって，こんだ糸があっただけん，これは播磨の国のいとごおり，紙屋の娘さんだなあ，いいことにさとって，その若だんなが，「はあ，そげえかあ」思うて。

　へから，こんどずうっとそこを播磨の国のいとごおり，紙屋いいとこをとめて（尋ねて）行きたげなら，たいいした，たいいした大家のだんなさんだけで，へえかあ，そのそばに小間物屋があったげで，そこい寄って聞いたら，「やああ，とてもおまいさんは，行かっしゃあましたてて，嬢さんに直接会うなんつうことはなかなかできませんけん，ほんに，わが小間物屋のかんざし貸してあげますけん，このかんざしい売りに行ってみなさいませ。ああでも（それでも）嬢さんの，ひょっとしたら，かんざしい買いにども出さっしゃいますと，見られえかもしいませんけん」いいて。そのかんざしいそこで借りて，小間物屋に化けて，へえから，かんざしい買あてもらあと思うて行ったら，そこに仕えちょう娘んこらいなんかいだあねえ（娘さんたちなどだねえ），そうがたあくさん出て，そのかんざしやなんか見いだども，どうもずうっとこうして見いとこめが（ところが），嬢さんの顔が見えんだげで。へえから，そこからまたもどって行って，「嬢さんの顔が見えじゃった。どこにおらっしゃあだい出さっしゃらだった」てて，「や，ほんなら，そうじゃあ，こうじゃあいけんだけん。こんだあ，おまいさんすべ桃がああ。このすべ桃う持って行って，歌あよんでみさっしゃいませ。ああでも出さっしゃあかもしれん」いいて。そこでこんだあ商人にしてもらあて，桃を負うて行ったげで。そげしたあ乳母が出て，「どうぞこっちいまわってごせえ」いいて，へえかあ，ついてまわったら，嬢さんのおらっしゃあ間の縁側で桃

を数れえだけん。

　一つとせえ，一夜寝たも袖枕
　二つとせえ，二重屏風のその中で，君の心は冴えもせぬ
　三つとせえ，見てさえ心は冴えもせぬ
　四つとせ，夜ごと忘れる暇もない
　五つとせ，いつやら君に会うだやら
　六つとせ，六日の月は冴えるもの，きみの心は冴えりゃせぬ
　七つとせ，なんなく住むも泣き暮らす
　八つとせ，やかたの原で泣くしかは，妻が恋しと泣くじゃもの
　九つとせ，ここで裁縫見習え
　十とせ，奥におれども南小風に誘われて，来たかと思えばなつかしや，
ひとつ入れましょう。

いいていわれた。そげしたら，嬢さんの，中で，「えへへえん」と笑わっしゃった。
　そうで，今度，そこで乳母がえすこうに（よいように）仲立ちして，そこで顔合わせがはじめてできただですと。
　こっぽし。

『死んだ娘』
　ずひゅう者（ずぼら）の男があった。博打をしてさんざ負けて着物から帯まですっこいはがされて帰ってきた。途中で夜暗くて，その上じばん一枚しか着ていないものだから，寒くて歩きもならない。これではどうにも続からんと思っていると，よいあんべーに向こうの方に火が見えるので，火にでも温まっていこうかなと近よって見りば，それは新墓の燈明であった。燈明かといって行こうとすると，墓の中でごとごと音がする。やいや（さては）と思って注意すると，間違いなく墓の中だからあさり出して棺をあけてみたら，中に娘が生きていた。男は早速水の初を取って娘に飲ませ目をあけたのを見て，名は何というかと聞くと，私は何というもので家はどこどこであるから，どうか送って下さいという。行ってみるとその家は村の大家どので，りっぱな構えである。男は娘をやんめー（前庭）に立たせ，まず家人にそのことを話すと，家の娘は近ごろ死にはしたが，死んだものが生きるということはないといって，男をしかりつけた。しかし，ほんとうの娘を見せたので家では大喜びをした。その後生き

返った娘は遠方へ嫁に行くことになった。りっぱな大家殿の娘のことであるから，山駕籠にのせて送ることになってたくさんの駕籠担ぎを頼んだ。その中に娘を墓から助け出した男もまじって雇われた。駕籠が家を出て，たとえば浦原から阿伝の浜のようなところまで来たところが，その男はいと（労働歌）を歌った。

　　墓からすび立ち　石のすり屑　のましてよいさよいさ

　といったところが，中から娘がいま一度いとをしてくれというので，男はまた同じように歌った。すると娘はこの駕籠をもどしてくれといって何といってもきかない。仕方なく駕籠を家へ返すと，娘は助けた男に向かって，いま私が生きているのはあなたのおかげだから，私はどうしてもあなたの妻になりたい。いままで大分探したが見つけることができなかったので，仕方なしに遠方へ嫁に行くことになったが，もう見つけた上はどうか私を妻にして下さいというので二人は夫婦になった。男は娘の身代を譲ってもらって，一生楽な暮らしをすることができたということである。

文　献

Birkhauser-Oeri,S. (1977) Die Mutter im Marchen Verlag Adolf Bonz GmbH, Fellbach-Oeffingen（氏原寛訳（1985）おとぎ話における母　人文書院）

Campbell, J., & Moyers, B. (1988) The Power of Myth Apostrophe S Productions, Inc., and Alfred van der Marck Editions（飛田茂雄訳（1992）神話の力　早川書房）

Franz, M.L-v. (1974) Shadow and Evil in Fairy Tales, Part one: The Problem of the Shadow in Fairy Tales, Spring Publications.（氏原寛訳（1981）おとぎ話における影　人文書院）

Franz, M.L-v. (1974): Shadow and Evil in Fairy Tales, Part two: Dealing with Evil in Fairy Tales, Spring Publications 1974（氏原寛（1981）おとぎ話における悪　人文書院）

Franz, M.L-v. (1975): An Introduction of Fairy Tales S.11, Spring Publications（氏原寛訳（1979）おとぎ話の心理学　創元社）

Freud, S. (1969) Ges. Werke, Bd. 13 Fisher, Frankfurt a. M.

藤井知昭　山口修　月渓恒子（編）（1988）楽の器　弘文堂

Giles, C. (1996) The animating body: psychoid substance as a mutual experience of psychosomatic disorder Journal of Analytical Psychology, 41, 353-368

Einstein (1954): A short history of music（大宮真琴　寺西春雄　平島正郎　皆川達夫訳（1956）音楽史　ダヴィッド社）

Graves, R. (1955) THE GREEK MYTHS Harmondsworth Middlesex Pengu in Books（高杉一郎訳（1962）ギリシア神話　上巻　紀伊國屋書店）

Graves, R. (1955) THE GREEK MITHS Harmondsworth Middlesex Pengu in Books（高杉一郎訳（1973）ギリシア神話　下巻　紀伊國屋書店）

Grout, D.J. (1960) A History of Western Music W.W. NOTON & COMPANY. INC. New York U.S.A.（服部幸三　戸口幸策訳（1969）西洋音楽史　音楽之友社）

Guilland, F. (1930) Mythlogie de la Grèce Librairie Larousse, Pari（中島健訳（1997）ギリシア神話　青土社）

原田玲子（1986）ヨーロッパ芸術文化と音楽　音楽之友社

Herzfeld, F. (1959): KLEINE MUSIKGESCHICHTE FÜR DIE JUGEND Gebrüder Weiss Verlag/Berlin（渡邊護訳（1971）わたしたちの音楽史　白水社）

飯森眞喜雄　北山修　黒木俊秀（編）（2004）語り・物語・精神療法　日本評論社
池上嘉彦（1981）するとなるの言語学　大修館書店
池上嘉彦（1984）記号論への招待　岩波書店
池上嘉彦（1992）ことばの詩学　同時代ライブラリー
池上嘉彦（1994）文化記号論　講談社
稲田浩二［等］編（1977）日本昔話辞典　弘文堂
Jung, C.G. (1967) Ges. Werke, Bd. 9/1 Walter, Olten
Jung, E. (1947) EIN BEITRAG ZUM PROBLEM DES ANIMUS Psychologische Abhandlungen IV. Rascher, Zürich（笠原嘉　吉本千鶴子訳（1967）内なる異性　海鳴社）
金田鬼一訳（1979）完訳　グリム童話集　全5巻　岩波文庫
河合隼雄（1967）ユング心理学入門　培風館
河合隼雄（1977）昔話の深層　福音館書店
河合隼雄（1982）昔話と日本人の心　岩波書店
河合隼雄（1993）「物語と心理療法」物語と人間の科学　岩波書店
河合隼雄（1995）日本人とアイデンティティ　講談社+α文庫
河合隼雄（1997）「音の不思議」『創造の世界』103号　小学館
河合隼雄（1997）母性社会日本の病理　講談社+α文庫
河合隼雄（1999）中空構造日本の深層　中公文庫
河合隼雄（2000）おはなしの知恵　朝日新聞社
河合隼雄（2001）『心理療法と物語』「物語る」ことの意義　岩波書店
河合隼雄（2001）松居直　柳田邦男　絵本の力　岩波書店
河合隼雄（2002）阪田寛夫　谷川俊太郎　池田直樹　声の力　岩波書店
河合隼雄　鷲田清一（2003）臨床とことば　阪急コミュニケーションズ
川田順造（2004）コトバ・言葉・ことば　青土社
神田橋條治（1990）連句と対話精神療法徳田良仁（監修）飯森真喜雄・浅野欣也（編）俳句・連句療法　創元社
Kerenyi, C. (1951): Die Mythologie der Griechen. Die Götter-und Menschheitsge-schichten Rhein-Verlag, Zürich（高橋英夫訳（1974）ギリシアの神話―神々の時代―中央公論社）
Kerenyi, C. (1958) Die Heroen der Griechen Die Herogengeschichten der griechischenMythologie Rhein-Verlag, Zürich（高橋英夫訳（1974）ギリシアの神話―英雄の時代―　中央公論社）

Khan, H. I.（1998）音の神秘　平河出版社
北山修（1987）錯覚と脱錯覚　ウィニコットの臨床感覚　岩崎学術出版社
北山修（1993）言葉の橋渡し機能　北山修著作集　日本語臨床の深層第2巻　岩崎学術出版社
北山修（2001）精神分析理論と臨床　誠信書房
北山修　黒木俊秀（編）（2004）語り・物語・精神療法　日本評論社
黒沢隆朝（1978）音楽起源論　音楽之友社
呉茂一（1956）ギリシャ神話　上巻 新潮社
呉茂一（1956）ギリシャ神話　下巻 新潮社
呉茂一（1978）ギリシャ神話　新潮社
Lang, P.H.（1941）: Music in Western Civilisation Norton, W.W.（酒井諄　谷村晃　馬淵卯三郎訳（1975）西洋文化と音楽—上—　音楽之友社）
Leichtentritt, H.（1950）: Music, History and Ideas（服部幸三訳（1959）音楽の歴史と思想　音楽之友社）
Leyen, F.（1911）: Das Märchen, Ein Versuch（山室静訳（1971）昔話とメルヘン　岩崎美術社）
Luthi, M.（1947）Das Europäische Volksmärshen A Francke Verlag Ben 3 Auflage 1968（小沢俊夫訳（1969）ヨーロッパの昔話　岩崎美術社）
Luthi, M.（1967）ES WAR EINMAL…Von Wesen des Volksmärchens Vandenhoeck & Ruprecht, Gottingen, Germany（野村泫訳（1974）昔話の本質　福音館書店）
Luthi, M.（1975）DAS VOLKS MÄRHEN ALS DICHTUNG Ästhetik und Anthropologie Eugen Diederichs Verlag, Düsseldorf Köln（小澤俊夫訳（1985）昔話—その美学と人間像—　岩波書店）
牧マリ子（2003）「関西楽理研究会と共に28年—探し続けたひとつのもの—」関西楽理研究，20号，関西楽理研究会
丸山圭三郎（1981）言葉・文化・無意識　河合文化教育研究所
丸山圭三郎（1985）欲望のウロボロス　勁草書房
丸山圭三郎（1987）言葉と無意識　講談社現代新書
丸山圭三郎（1987）生命と過剰　河出書房新社
丸山圭三郎（1989）欲動　弘文堂
丸山圭三郎（1990）言葉・狂気・エロス　講談社現代新書
丸山圭三郎（1991）人はなぜ歌うのか　飛鳥新社
丸山圭三郎（1992）生の円環運動　紀伊國屋書店

Meunier, M.（1945）: La Légende dorée des Dieux et des Héros, Paris Albin Michel（原章二訳（1979）ギリシャ神話　八坂書房）
宮本桃英（2005-a）おとぎ話における音と音楽　箱庭療法学研究　Vol.17-2.
宮本桃英（2005-b）日本の昔話における音と音楽　日本箱庭療法学会第19回大会発表論文集
宮本桃英（2007）グリム童話と日本の昔話における歌の個別性　日本箱庭療法学会第22回大会発表論文集
宮本桃英（2008）おとぎ話における歌―心理臨床の場で語られる言葉との関連から―　箱庭療法学研究　Vol.22-1.
村上陽一郎（1981）時間と人間　東京大学出版会
妙木浩之（2005）精神分析における言葉の活用　金剛出版
中村善也　中務哲郎（1981）ギリシャ神話　岩波書店
中村雄二郎（1987）「人間の時間について」図書　三四一号　岩波書店
中村雄二郎（1985）トポス　空間　時間　岩波書店
西村亭（1966）歌と民俗学　岩崎美術社
野崎守英（1996）歌・かたり・理　ぺりかん社
老松克博（1989）「物語生き抜く」ということ　プシケー八号
老松克博（2001）サトルボディのユング心理学　トランスビュー
尾形希和子（1991）「海の豊穣　二又の人魚像をめぐって」吉田敦彦　西野嘉章　若桑みどり　尾形希和子神原正明（著）怪物―イメージの解読（pp.51-69）河出書房新社
大橋良介（1992）日本的なもの，ヨーロッパ的なもの　新潮選書
Otto, W.F.（1956）Theophania, der Geist der altgriechischen Religion Rowohlt Verlag, Humburg（辻村誠三訳（1971）神話と宗教　筑摩書房）
大野晋　丸谷才一（1990）日本語で一番大事なもの　中公文庫
折口信夫（1955）折口信夫全集　第 9 巻　中央公論社
折口信夫（1976）万葉集―口訳　河出書房新社
小沢俊夫（1976）日本人と民話　ぎょうせい
Jacoby, M., Kast, Y., & Riedel, I.（1978）Das Böse im Märchen, Verlag Adolf Bonz GmbH, Fellbach-Oeffingen; 4te Auflage（山中康裕（監訳）千野美和子　山愛美　青木真理（訳）悪とメルヘン　新曜社）
Rousseau, J.J.: Traités sur la musique, 1781, Genéve.（小林善彦訳（1970）言語起源論　現代思潮社（注：正確な出版年は明らかではないが1753年～1761年の間に執

筆されたとされ，デュ・ペルーによる『音楽論文集』で公の作品となる。)

斎藤久美子（著）(2004) 氏原寛　亀口憲治　成田善弘　東山紘久　山中康裕（共編）「心理療法総論[2]面接」心理臨床大辞典　改訂版　培風館

坂部恵（1983）「ふれる」ことの哲学　岩波書店

坂部恵（1989）ペルソナの詩学　岩波書店

坂部恵（1990）かたり　弘文堂

佐野清彦（1998）音の文化誌　雄山閣出版

笹本征治（2001）「神隠しと鉦と太鼓」小松和彦（編）境界　河出書房新社

関敬吾（1977）日本の昔話　日本放送出版協会

関敬吾（1978～1980）日本昔話大成　全12巻　角川書店（注：『日本昔話集成』を元に更に収録数を増やし，話数は約35,000，話型は約740である。)

Schadewaldt, W. (1956): Grieche Sternsagen S. Fischer Verlag, Frankfurt a. M.（河原忠彦（1988）星のギリシア神話　白水社）

千野美和子（2009）「昔話の心理学的研究」大野木裕明　千野美和子　赤澤淳子　後藤智子　廣澤愛子（著）昔話ケース・カンファレンス―発達と臨床のアプローチ（pp.97-104）ナカニシヤ出版

白川静（1987）字訓　平凡社

白川静（1996）字通　平凡社

Storr, A. C. (1983): The Essential Jung Princeton Univercity Press in the introductory matter Anthony Storr Extracts from THE COLLECTED WORKS of Jung, C.G. 1902-1958 Walter Varlag AG., LH-olten（山中康裕監修　菅野信夫他訳（1997）エッセンシャル・ユング　創元社）

Storr, A. (1992) Harper Collins Publis hers（音楽する精神―人はなぜ音楽を聴くのか　佐藤由紀　大沢忠雄　黒川孝文（訳）(1994) 白揚社）

Sullivan, H.S.: The Psychiatric Interview, The William Alanson White Psychiatric Foundation Norton, W.W. & Company Inc., New York, 1954（中井久夫他共訳（1986）精神医学的面接　みすず書房）

鈴木正彦（1955）笛の力―笛と文芸と―　國學院雑誌　第56巻4号

田口㴑三郎　塚越修（1949）音の文化史　誠文堂新光社

高橋浩子　泉健他（1996）西洋音楽の歴史　東京書籍

武満徹（2000）武満徹著作集　全5巻　新潮社

拓殖元一（1991）世界音楽への招待　音楽之友社

剣持武彦（1995）言語生活と比較文化　朝文社

山愛美（2003）言葉の深みへ　誠信書房
山口素子（2001）「心理療法における自分の物語の発見について」物語と心理療法　岩波書店
山口素子（2003）サトルボディについて神戸女学院大学女性学評論　第17号
山口素子（2009）山姥，山を降りる―現代に棲まう昔話　新曜社
山本喜晴（2006）声および心身の心理臨床における異化に関する一考察　心理臨床学研究24-4.
鷲田清一（1999）「聴く」ことの力―臨床哲学試論―　阪急コミュニケーションズ
渡邊學而（1986）ヨーロッパ音楽の流れ　芸術現代社
Wörner, K. H. (1956): Geschichte der Musik（星野弘訳（1962）音楽史　上　全音楽譜出版社）
Wegner, M., Besseler, H., & Schneider, M 監修（1970）: Musikgeschichte in Bilden GRIECHENLAND Band II Musik des Altertums Lieferung4 VEB Deutscher Velag für Musik Leipzig（1985 II 古代音楽　第4巻　ギリシャ人間と音楽の歴史　音楽之友社）
Winicott, D.W.: Playing and Reality, London: Tavistock Publications ltd, 1971（橋本雅雄訳（1979）遊ぶことと現実　岩崎学術出版社）

謝　　辞

　本書は，現在所属している名古屋女子大学の，平成29年度名古屋女子大学教育・基盤研究助成費をいただき，刊行に至りました。関係各位に心より感謝申し上げます。

　本学位論文の執筆において，主指導教員の國吉知子先生（神戸女学院大学教授）には多くのご指導とご助言を頂戴いたしました。いつもあたたかなお言葉をかけてくださり，何度励まされたことかわかりません。心より感謝申し上げます。石谷真一先生（神戸女学院大学教授），水田一郎先生（大阪大学キャンパスライフ健康支援センター教授）には，的確かつ貴重なご助言をいただきました。修士論文を執筆するにあたっては，山口素子先生（山口分析プラクシス）から多大なご指導をいただきました。また，山　愛美先生（京都学園大学教授），岸　良範先生（茨城大学名誉教授），村瀬　学先生（同志社女子大学教授）には折に触れて貴重なご示唆を多くいただきました。本学位論文を執筆できたのは多くの先生方，臨床の場で出会ったみなさまのお力添えがあったからです。

　神戸女学院で培った心理臨床家としての姿勢や本学位論文で明らかにした「向かい合う二者の心に象徴としての"歌の担い手と聴き手"が存在し，相互に歌い（語り），受け止め合う」という視点は，現職である保育臨床や保育者養成教育に携わる上で土台となっております。本書で明らかにしきれなかった部分は今後の課題研究のひとつとして取り組んでいく所存です。本書を新たな出発点として，今後も地道に臨床，研究，教育に精進して参りたいと考えております。

　本書の刊行に際し，多大なご尽力をいただき丁寧に対応していただきまし

た風間書房代表取締役風間敬子様と，ご担当いただきました斉藤宗親様に厚くお礼申し上げます。

　最後になりましたが，いつもあたたかくそっと見守り支えてくれた両親，応援してくれた方々に心から感謝いたします。

2017年9月

宮本桃英

著者略歴

宮本 桃英（みやもと ももえ）

2001年	同志社女子大学学芸学部卒業
2004年	神戸女学院大学大学院人間科学研究科前期博士課程修了
2007年	神戸女学院大学大学院人間科学研究科単位取得満期退学
2011年	博士(人間科学)・神戸女学院大学
2015年	名古屋女子大学文学部児童教育学科講師
	現在に至る

おとぎ話における音と音楽
――「歌」と心理臨床の場で語られる言葉との関連から――

2017年11月15日　初版第1刷発行

著　者　　宮　本　桃　英
発行者　　風　間　敬　子
発行所　　株式会社　風　間　書　房
〒101-0051　東京都千代田区神田神保町1-34
電話03(3291)5729　FAX 03(3291)5757
振替00110-5-1853

印刷　藤原印刷　製本　高地製本所

©2017　Momoe Miyamoto　　　　　　　NDC分類：146
ISBN978-4-7599-2190-8　　Printed in Japan
JCOPY〈(社)出版者著作権管理機構　委託出版物〉
本書の無断複製は、著作権法上での例外を除き禁じられています。複製される場合はそのつど事前に(社)出版者著作権管理機構（電話03-3513-6969、FAX 03-3513-6979、e-mail: info@jcopy.or.jp）の許諾を得て下さい。